权威·前沿·原创

皮书系列为
"十二五""十三五"国家重点图书出版规划项目

BLUE BOOK

智库成果出版与传播平台

京津冀金融蓝皮书
BLUE BOOK OF FINANCE IN BEIJING-TIANJIN-HEBEI

京津冀金融发展报告（2020~2021）

ANNUAL REPORT ON THE DEVELOPMENT OF FINANCE IN
BEIJING-TIANJIN-HEBEI REGION (2020-2021)

中国滨海金融协同创新中心
主　编／王爱俭　郭　红　王璟怡

社会科学文献出版社
SOCIAL SCIENCES ACADEMIC PRESS (CHINA)

图书在版编目(CIP)数据

京津冀金融发展报告.2020~2021/王爱俭,郭红,王璟怡主编. -- 北京:社会科学文献出版社,2021.12
(京津冀金融蓝皮书)
ISBN 978-7-5201-8552-3

Ⅰ.①京… Ⅱ.①王… ②郭… ③王… Ⅲ.①地方金融事业-经济发展-研究报告-华北地区-2020-2021 Ⅳ.①F832.72

中国版本图书馆 CIP 数据核字(2021)第 109210 号

京津冀金融蓝皮书
京津冀金融发展报告(2020~2021)

主　　编／王爱俭　郭　红　王璟怡
副 主 编／李向前　王学龙　郑志瑛　范小云

出 版 人／王利民
组稿编辑／恽　薇
责任编辑／陈凤玲
责任印制／王京美

出　　版／社会科学文献出版社·经济与管理分社 (010) 59367226
　　　　　地址:北京市北三环中路甲 29 号院华龙大厦　邮编:100029
　　　　　网址:www.ssap.com.cn
发　　行／市场营销中心 (010) 59367081　59367083
印　　装／天津千鹤文化传播有限公司

规　　格／开　本:787mm×1092mm　1/16
　　　　　印　张:12.5　字　数:181 千字
版　　次／2021 年 12 月第 1 版　2021 年 12 月第 1 次印刷
书　　号／ISBN 978-7-5201-8552-3
定　　价／128.00 元

本书如有印装质量问题,请与读者服务中心 (010-59367028) 联系

▲ 版权所有 翻印必究

《京津冀金融发展报告（2020~2021）》编委会

主　编　王爱俭　郭　红　王璟怡

副主编　李向前　王学龙　郑志瑛　范小云

委　员　刘澜飚　王　博（南开大学）　李泽广
　　　　何　青　张靖佳　段月姣　李　晓　方云龙
　　　　王　博（天津财经大学）　何　楠　李赫燃
　　　　葛施浓　刘海云　张彦丽　朱　蓓　郭嘉楠
　　　　高晓燕　于　博　杜金向　藏　维　刘子铭
　　　　张　帆　焦　云　刘亚楠　张玉皓
　　　　崔文瑶玥　姜日宏

主要编撰者简介

王爱俭 女,天津财经大学金融学教授、博士生导师,金融学科带头人。曾任天津财经大学副校长,第十一届全国人大代表,第十二届全国政协委员。现任民建中央财政金融委员会副主任,天津财经大学学术委员会主任,中国滨海金融协同创新中心主任。国家社会科学基金项目、国家自然科学基金项目同行评议专家,教育部国家特色专业负责人,国家级精品课"国际金融"负责人。曾获天津市高等学校教学名师奖,全国金融教育先进工作者,享受国务院政府特殊津贴专家。主要从事汇率体制改革、开放经济货币政策宏观调控与区域金融创新方面的研究。近年来主持完成国家社会科学基金重大项目2项,国家自然科学基金项目3项,国家社会科学基金一般项目1项,教育部项目2项,科技部项目1项。在《经济研究》《金融研究》等国内外重要刊物发表论文80余篇,出版专著20余部,荣获国家和省部级奖项15项,包括荣获天津市第十一届、第十三届、第十四届社会科学优秀成果一等奖,2016年获天津市教委优秀决策咨询研究成果一等奖。

郭 红 女,经济学博士,天津财经大学金融学院副教授、中国滨海金融协同创新中心副主任。主要从事国际金融、金融市场等研究。近年来,主持或参与国家社会科学基金项目、教育部人文社科项目、天津市社会科学基金项目等近10项,在《金融研究》《财经问题研究》等刊物发表论文10余篇。

王璟怡 女,经济学博士,天津财经大学金融学院教师、中国滨海金融协同创新中心研究员。主要从事国际金融、金融监管等研究。近年来，主持或参与国家社会科学基金项目、天津市社会科学基金项目等5项，在《国际金融研究》《现代财经》等刊物发表论文多篇。

序　言
深入贯彻十九届五中全会精神推动"十四五"时期区域经济实现高质量发展

王爱俭

当前，世界处于大变革大调整时期，我国发展面临的内外部形势正在产生重大而深刻的变革。"十四五"时期是我国经济社会发展的重要战略期，在这一时期我国面临着一系列新的机遇与挑战。一方面，我国进入新发展阶段，经济长期向好，社会大局稳定，发展韧性强劲，但经济发展不平衡不充分、发展质量还不够高仍然是我国存在的显著问题。这就要求我们必须高度重视发展质量的提升，提高经济发展效益。另一方面，我国面临的国际环境日趋复杂，不稳定性、不确定性因素明显增加，各国之间协调合作与博弈竞争并存。要避免外部环境干扰，防范化解外部风险隐患，首先要走好自己的路、办好自己的事，努力提高国家综合竞争能力和风险抵御能力，才能有效维护经济增长和社会稳定。"十四五"时期要以高质量发展为主题推动社会改革和经济发展，是党的十九届五中全会立足我国社会主义事业发展全局做出的伟大部署和科学判断。

高质量发展是以新发展理念为核心和内涵的发展，是顺应我国社会发展和人民需求的发展。自党的十八届五中全会提出创新、协调、绿色、开放、共享的新发展理念以来，我国着力于转换经济增长动力、优化经济发展结

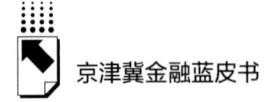

构，社会发展水平稳步提高。实践证明，实现高质量发展是遵循社会发展规律、推动社会经济稳定增长的必然要求，是加快构建现代化经济体系、实现民族伟大复兴的必然选择。新时代新阶段的发展必须坚持新发展理念，必须是高质量的发展。

改革开放40多年来，我国已形成长三角经济圈、粤港澳大湾区、京津冀地区三大增长极，经济空间布局不断优化，区域协同发展态势不断向好。地区经济的快速发展是整个国民经济稳定增长的重要条件，是我国经济社会发展的重要保障。各地政府应坚持统筹协调，深入贯彻十九届五中全会精神，落实新发展理念，加快构建新发展格局，推动区域经济实现高质量发展。

第一，实体经济是国民经济的重要基础，是地区经济增长的命脉。要把实体经济作为现代化经济体系建设的重点，着力推动产业基础高级化、产业链现代化，推进供给侧结构性改革。数字技术能够有效推动产业结构优化升级，要大力发展数字经济，促进新技术与传统产业的结合，加快实现产业数字化和数字产业化，提高区域产业供给水平。战略性新兴产业是实现经济转型的重要突破口，代表着未来产业变革的方向。要加大对重点示范项目、重点技术领域科研工作的支持力度，汇聚优势科研资源，定向攻关，解决好阻碍产业发展的重点问题；加强对地方战略性新兴企业的政策支持，努力培养一批发展潜力大、创新能力强的领军企业，发挥好其领头羊作用，带动区域产业实现转型升级；扶持成长型中小企业快速发展，促进产业生态和产业链的完善优化；加强产业发展环境建设，加快完善科技创新激励机制，提高社会创新动力，增强科技创新对经济发展的支撑能力，促进技术创新与产业发展的良性互动，推动经济体系优化升级。

第二，区域经济的高质量发展离不开创新驱动，要坚持创新在现代化建设中的核心地位。新一轮科技革命以来，新技术、新业态不断涌现，科技日益成为地区实力和大国竞争的重要因素。当前，要继续坚持贯彻科教兴国战略，着力推动以技术创新为核心的全面创新，打好核心技术攻坚战；加强基础研究和基础创新，优化学科和研发布局，推动社会科研力量优化配置和资源共享；完善科技创新体制，改进科技项目管理方式和评价机制，加大科技研发基金支持和资金投入，推动前瞻性、引领性研究实现重大突破。企业是技术和经济相互融合的主要推动者，是科技创新的重要力量。要进一步强化企业的创新主体地位，提高其创新动力和活力，引导企业形成以新兴技术为核心的竞争优势，提高企业发展质量；加大对企业创新的税收优惠和政策支持，加快建立以市场为导向的技术创新体系，促进企业实现由要素驱动向创新驱动的发展模式的转变，进一步推动地方经济发展动力的转换和产业结构的优化升级，提高地方经济的核心竞争力，实现高质量发展。

第三，良好的生态环境是我们生存和发展的基础，是地区经济高质量发展的保障。经济的高质量发展，不仅体现在物质和精神财富的日益富足上，更体现在生态环境的不断改善之中。政府要扮演好监管者的角色，加快制定完善相关约束性指标，推行排污许可制，完善生态环境监管体制，强化绿色发展的法律和政策保障，推动实现多污染物协同控制和区域协同治理，打好污染防治攻坚战；要坚持统筹协调，处理好经济建设与生态环境之间的关系，加大对绿色技术创新的支持力度，促进地方经济绿色低碳发展，推动社会发展的绿色转型；要坚持系统治理，落实好生态保护和建设工程。企业要做好绿色发展的践行者，树立绿色发展的理念，加强对废旧物资循环使用，提高资源利用效率；要坚持生态优先的原则，切实推进清洁生产、绿色生产，努力实现经济与社会效益的统一。人民群众作为社会建设的主体，要树立生态环保意识，将绿色低碳、文明健康的生活方式落到实处，推动形成绿色环保、资源节约的消费氛围，促进人与自然的和谐共生。

第四，加快构建以国内大循环为主体、国内国际双循环相互促进的新发展格局，建设更高水平的开放型经济体制。要继续坚持扩大内需这一战略基点，打通当前内循环的痛点堵点，积极拓展消费空间，促进消费升级，推动区域经济和国民经济的良性循环；深入推进京津冀、长三角和粤港澳大湾区建设，发挥区域增长极对国内经济的带动作用，加快形成统一的国内市场；深化供给侧改革，以高质量供给引领和创造新需求。新发展格局强调的是国内国际的开放双循环，而不是封闭的国内循环。因此，要继续加强自由贸易试验区、经济特区、自由贸易港等改革先行区建设，推进投资与贸易便利化改革进程，发挥先行先试、制度创新等优势，推动更高水平的对外开放；合理规划布局，进一步出台完善区域发展政策，推动各类要素的合理流动与聚集。同时，要进一步推进要素市场化改革，健全和完善资本、技术要素市场，构建更加多元、开放的市场体系；构建跨区域、跨境技术创新网络，推动区域和国家间创新要素的交流与合作，共享创新红利；坚持市场化、法制化方向，加快完善市场和行业准入规则，提高贸易和投资自由化、便利化水平，增强对国际人才、投资的吸引力。

第五，人才是企业和地区发展最核心的要素，是社会主义现代化建设的推动者。当前我国正处于社会发展转型、经济增长动力转换的关键时点，更需要充分重视人才的引进和培养工作，发挥高端科技人才的引领作用。具体来讲，一要深入贯彻人才强国战略，推动人才培养体制改革，优化人才队伍结构，促进"产学研用"协同联动，建设高质量教育体系，培养来自交叉学科、具有复合背景的高端人才，为区域经济的高质量发展提供智力支持；二要创新人才引进模式，出台更加积极、开放、有效的引进政策，加大人才引进力度，扩展人才引进渠道，加强金融基础设施建设，为人才发展打造良好平台，构建集聚国内外高端科技人才的创新高地；三要完善人才管理机制，健全高端人才社会保障、创新支持、智力成果转化等工作机制，减少阻碍高端人才流动的制度性障碍，完善与知识产权相关的法律法规，保护好人才的合法权益，加快发展体制改革，建立以质量为导向的人才评价和晋升机制，激发人才创新活力，推动区域经济实现高质量发展。

第六，金融是实体经济的命脉，是支持区域经济高质量发展的重要推动力。改革开放以来，我国金融系统在深化体制机制改革的过程中不断完善，对社会资金的合理调配、经济的稳健运行起到了重要作用。由于新冠肺炎疫情突袭而至，我国面临着更加复杂的国际和国内局势。此时，更应发挥金融对经济的调节稳定作用，防范好外部金融风险，加快现代金融体系建设，为实体经济的稳健发展保驾护航。具体来讲，一是健全多层次资本市场，完善市场准入和企业退市机制，坚持市场化、法制化方向，改善市场环境和质量，推动要素资源的高效配置；二是加快银行体系建设，充分发挥中小银行、政策性银行聚焦地方经济、服务地方发展的有益作用，推动形成多元、协调、互补的银行体系，增强金融的普惠性；三是加强金融监管，建立健全金融监管法律体系，依法从严打击金融乱象，建立公平竞争审查机制，约束不合理创新、过度创新，处理好金融发展、金融稳定和金融安全的关系，为实体经济高质量发展创造安全稳定的金融环境。

党的十九届五中全会站在党和国家事业发展全局的高度，描绘了我国经济发展新阶段的蓝图，提出了"十四五"时期经济社会发展的主要奋斗目标和2035年现代化建设的远景目标，吹响了全面建设现代化、推动经济向更高质量发展的号角，为我们明确了前进和奋斗的方向，是我们党在"两个一百年"历史交汇时点上做出的一次重要战略规划，具有全局性、历史性的意义。

锐始者必图其终，成功者先计于始。京津冀地区作为我国北方经济的龙头，是我国重要的经济增长点。实现京津冀协同发展，是面向未来打造新的首都经济圈、推进区域经济发展机制创新的历史性工程。未来五年，京津冀地区面临着由"打基础、谋思路"向"攻坚克难、爬坡过坎"的转变，非首都功能疏解、雄安新区建设、高质量协同发展成为新的历史使命。在新的起点上，深入贯彻十九届五中全会精神，勇于担当，主动作为，紧紧抓住高质量发展主题，加快构建新发展格局，就一定能够推动"十四五"时期区域经济向更高水平发展，实现中华民族伟大复兴的中国梦。

摘　要

京津冀协同发展是我国"十三五"期间重大的区域发展战略之一，事关京津冀三地城市群的转型融合发展。区域一体化战略正成为新时期推动我国经济实现高质量发展的重要驱动力之一。金融作为我国重要的核心竞争力，是区域协同发展、打造全新经济增长平台的重要催化剂，在推动区域经济全面融合、转型与可持续发展过程中发挥了不可替代的作用。"十三五"期间，京津冀三地金融业迅速发展与进步，逐渐成为京津冀一体化发展过程中重要的先导力量。

《京津冀金融发展报告（2020~2021）》由总报告、北京金融发展篇、天津金融发展篇、河北金融发展篇和专题篇五部分组成。总报告系统回顾和总结了"十三五"期间京津冀金融发展取得的突出成就，详细分析了金融支持京津冀协同发展理论的状况，针对现阶段京津冀金融发展中存在的问题，提出了相应的对策，并对"十四五"期间金融应如何多维发力支持京津冀协同发展进行了展望。北京、天津、河北金融发展篇分别从金融机构、金融市场以及金融改革创新等角度对北京、天津以及河北的金融发展运行情况进行了客观翔实的总结。专题篇分别就天津金融创新运营示范区建设、京津冀金融资源区域流动情况以及京津冀城市群金融资源配置情况等进行了较深入的探讨，为京津冀协同发展尤其是充分发挥金融在京津冀协同发展中的先导作用提供了参考和借鉴。

关键词： 京津冀　协同发展　金融机构　金融市场　金融创新

目　录

Ⅰ　总报告

B.1 京津冀金融发展"十三五"总结与"十四五"展望 …………… / 001
　　一　"十三五"期间京津冀金融发展情况 ………………… / 002
　　二　"十三五"期间京津冀金融发展存在的问题 ………… / 011
　　三　金融支持京津冀协同发展的现实评价与对策研究 ……… / 015
　　四　"十四五"期间金融支持京津冀协同发展的新思路 …… / 022

Ⅱ　北京金融发展篇

B.2　2020~2021年北京金融机构发展报告 ……………………… / 028
B.3　2020~2021年北京金融市场运行报告 ……………………… / 042
B.4　2020~2021年北京金融改革创新报告 ……………………… / 055

Ⅲ　天津金融发展篇

B.5　2020~2021年天津金融机构发展报告 ……………………… / 066

B.6　2020~2021年天津金融市场运行报告 ………………………… / 083
B.7　2020~2021年天津金融改革创新报告 ………………………… / 096

Ⅳ　河北金融发展篇

B.8　2020~2021年河北金融机构发展报告 ………………………… / 107
B.9　2020~2021年河北金融市场运行报告 ………………………… / 116
B.10　2020~2021年河北金融改革创新报告 ……………………… / 121

Ⅴ　专题篇

B.11　京津冀城市群金融资源优化配置分析 ……………………… / 128
B.12　京津冀金融资源区域流动情况分析 ………………………… / 149
B.13　天津建设金融创新运营示范区战略研究 …………………… / 161

总 报 告
General Report

B.1 京津冀金融发展"十三五"总结与"十四五"展望

王爱俭 郭红 方云龙*

摘 要： "十三五"期间，京津冀三地金融业发展迅速，逐渐成为京津冀一体化发展过程中重要的先导力量。十九届五中全会强调要推动区域协调发展，打造创新平台和新增长极。然而，作为我国重要的区域发展战略之一，京津冀协同发展战略的推进由于三地的要素禀赋异质性较强而受到一定的阻碍。金融作为我国重要的核心竞争力，是区域协同发展、打造全新经济增长平台的重要催化剂，在推动区域经济全面融合、转型与可持续发展过程中发挥了不可替代的作用。因此，金融的

---

* 王爱俭，天津财经大学中国滨海金融协同创新中心主任，教授、博士生导师，研究方向：区域金融创新、国际金融；郭红，天津财经大学金融学院副教授、硕士生导师，研究方向：区域金融、宏观经济；方云龙，天津财经大学金融学院博士研究生，研究方向：区域经济、金融改革。

协同发展将有力推进京津冀三地一体化的步伐。本报告回顾了"十三五"期间京津冀金融发展取得的突出成就，针对现阶段京津冀金融发展存在的问题提出相应的对策，并对"十四五"期间金融多维发力支持京津冀协同发展进行了展望。

关键词： 京津冀　京津冀一体化战略　金融业　"十三五"　"十四五"

京津冀协同发展是我国"十三五"期间重大的区域发展战略之一，事关京津冀三地城市群的转型融合发展。区域一体化战略正成为新时期推动我国经济实现高质量发展的重要驱动力之一。金融作为经济发展的先行指标，正逐渐发展成为区域经济协同发展的先导力量。区域金融的率先协同发展可以有效加强区域之间的经济合作，提升区域一体化发展速度。京津冀金融协同发展能够有效推进三地市场结构相互衔接、要素资源合理流动以及打破三地地域保护主义状态，是京津冀一体化发展的题中之义。京津冀金融协同发展应该以三地金融体系的完善、金融市场抗风险能力的提高以及金融服务质量的提升为出发点，有效引导金融更好地为实体经济服务。从地理经济学角度看，京津冀三地唇齿相依，发展上相辅相成，北京和天津拥有较为丰富的金融资源，而河北则拥有较为广阔的金融市场，三地金融的率先协同发展可以为区域经济一体化发展提供重要的资金保障。

一　"十三五"期间京津冀金融发展情况

（一）京津冀金融业整体发展特性

1. 金融产出不断提高，金融体量迅猛增长

"十三五"期间，以我国金融经济体量不断增长为背景，京津冀金融体量迅速扩大。首先，京津冀三地信贷规模持续增长。京津冀金融机构的存贷

款余额在2005~2019年增长迅猛,其中,存款余额从2005年的4.06万亿元增加到2019年的27.61万亿元,贷款余额从2005年的2.34万亿元增加到2019年的16.68万亿元。其次,"十三五"期间,京津冀金融业的产出也得到了显著提升。如图1所示,2005~2019年,京津冀金融业增加值从1201亿元增加到10868.76亿元,增长了8倍左右。2017~2018年,京津冀金融业增加值增长幅度更大。京津冀金融业增加值占GDP的比重从5.75%增长到12.85%,其中2018年增长尤其迅速。京津冀金融业增加值占第三产业GDP的比重从17.90%增长到19.21%。可见,京津冀金融业在"十三五"期间发展迅速,成为重要的支柱性产业。

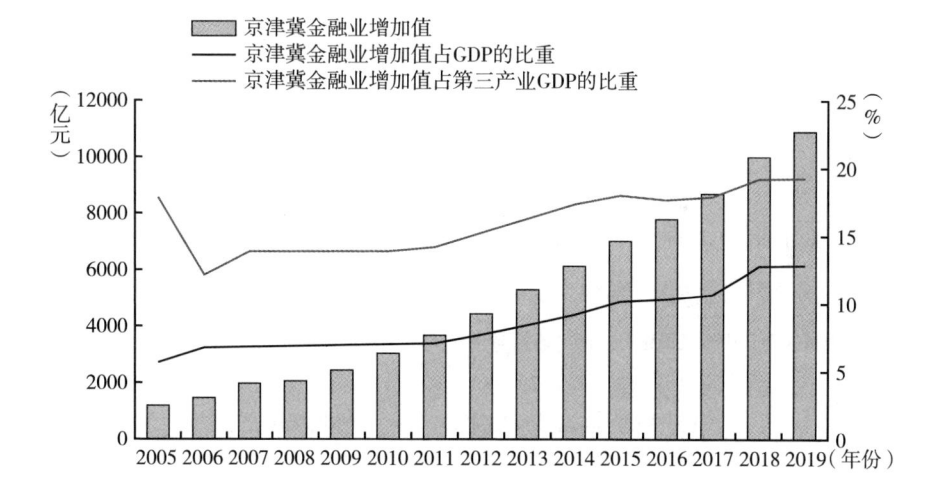

图1 2005~2019年京津冀金融业增加值及其占GDP和第三产业GDP的比重

数据来源:国家统计局。

2. 金融深度总体强化,金融结构持续优化

参考学界的研究成果,本报告以金融机构年末存贷款余额与地区生产总值之比作为指标分析金融深度,其中存贷款余额为存款余额与贷款余额之差。如图2所示,自2010年京津冀金融深度大幅下降后,2010~2019年,京津冀金融深度从2010年的0.987增加至2019年的1.293,总体上呈现强化趋势,由此表明,金融业的发展地位在京津冀国民经济发展中较为突出。

对比京津冀金融深度和全国金融深度可知，京津冀金融深度显著高于全国水平，可见，金融业在京津冀地区经济发展过程中的相对优势较其他地区更为突出。同时，京津冀金融结构也在持续优化。由图3可知，2005～2019年，河北省中长期贷款所占比重从38.58%增长至63.79%。中长期贷款比重增加有助于金融业增加利润，同时也反映出金融系统对未来的发展有着积极的预期，这对地区经济的中长期发展有很大的帮助。

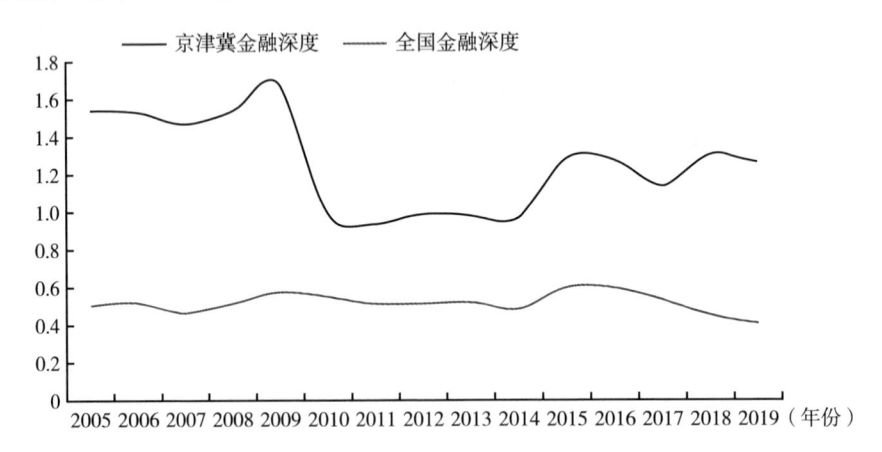

图2　2005～2019年全国和京津冀金融深度

数据来源：中国人民银行、国家统计局。

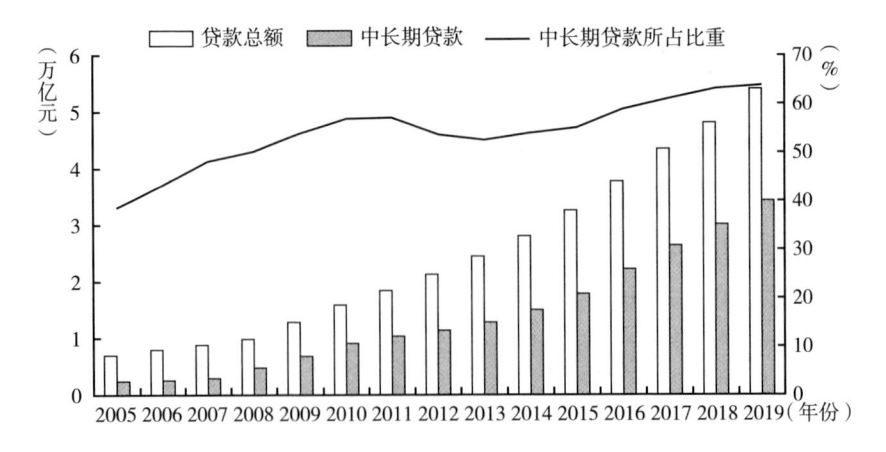

图3　2005～2019年河北省中长期贷款状况

数据来源：中国人民银行石家庄中心支行。

3. 金融供给规模扩大，金融资源加速集聚

高质量的多要素供给是京津冀金融发展的必备条件。以图4为例，京津冀金融业从业人员在2005年为39.06万人，在2019年达121.3万人，年均增长率达8.4%。京津冀金融业从业人员占全国金融业从业人员的比重从2005年的11.37%增长至2019年的14.69%。总体来看，比重呈现增长趋势，这表明2005~2019年金融人才资源向京津冀地区大量集聚，高质量要素供给规模不断扩大，京津冀金融业在全国金融业中的地位得到显著提升，优势不断凸显。

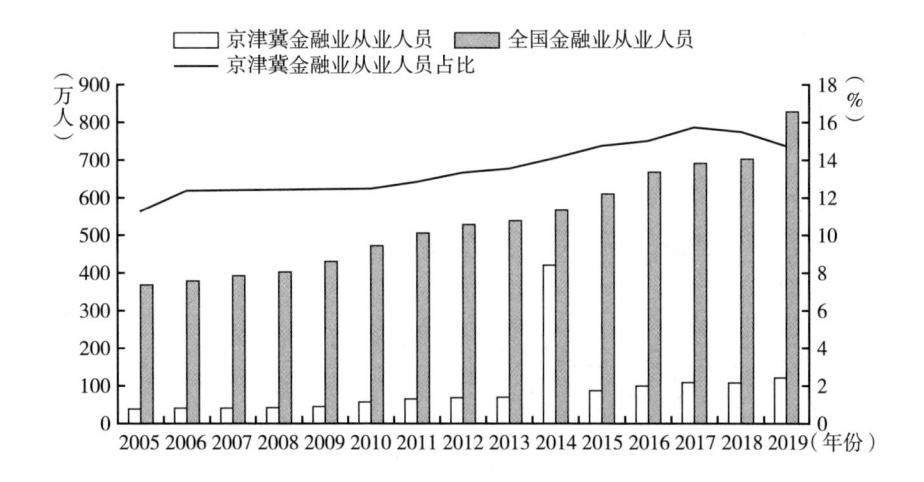

图4 2005~2019年京津冀金融业从业人员规模

数据来源：国家统计局。

4. 金融开放进程明显加快，外资利用总量迅速增加

金融开放可以实现资源的优化配置，因此金融开放可以给予一个国家或地区资源自由配置的制度保障。金融开放通过吸引大批外商广泛投资实现对本国国内资金短缺的弥补，与此同时实现内需的有效拉动，充分调动本国竞争主体的积极性，从而实现自身竞争力的提升。2019年，我国实际利用外资额为9415亿元，同比增长5.8%，再创历史新高。从表1可以看出，长三角地区实际利用外资占比达到55.5%，占全国半数

以上。京津冀地区实际利用外资规模与长三角地区相比，占比较小，但相比珠三角地区较为突出。这在一定程度上表明京津冀地区在吸引外资上潜力较大。

表1　2019年三大地区利用外资情况

单位：%

指标	长三角	珠三角	京津冀	全国
实际利用外资额占比	55.5	15.9	21.2	100

数据来源：《中国区域金融运行报告（2020）》。

5. 社会融资规模适度增长，直接融资占比提升，金融服务实体经济能力持续增强

"十三五"期间，人民银行实施稳健的货币政策，强化逆周期调节，在多重目标中寻求动态平衡，紧紧把握金融供给侧结构性改革主线，完善宏观审慎政策框架，发挥结构性货币政策精准滴灌作用，改革完善贷款市场报价利率（LPR）形成机制，以永续债发行作为突破口助力银行补充资本，增强银行体系发展韧性和服务实体经济能力，为实现"六稳"和经济高质量发展营造了适宜的货币金融环境。

2019年末，全国社会融资存量为251.3万亿元，同比增长10.7%；2019年全国社会融资增量为25.6万亿元，比2018年增加3.1万亿元。"十三五"期间，京津冀地区社会融资增量从2016年的2.34万亿元增加到2019年的2.58万亿元（见图5）。2019年，北京社会融资增量占京津冀地区的比重为56.6%，天津社会融资增量占京津冀地区的比重为11.1%，河北社会融资增量占京津冀地区的比重为32.3%。

6. 信用风险总体可控，金融机构运行更加稳健

"十三五"期间，京津冀不良贷款率从2016年的4.16%增长至2019年的4.83%，北京不良贷款率从2016年的0.21%增长至2019年的0.215%，天津不良贷款率从2016年的1.75%增长至2019年的2.41%，河北不良贷款率从2016年的2.2%增长至2019年的2.21%（见图6）。整

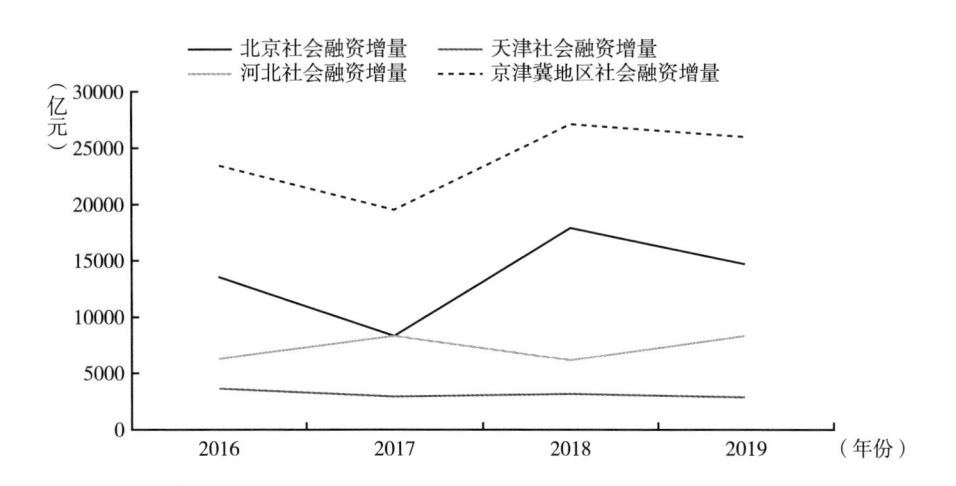

图5　2016～2019年京津冀地区社会融资增量

数据来源：中国人民银行。

体来看不良贷款率微升，京津冀各地区信贷资产的质量有所分化，但信用风险总体处于可控状态，尤其是2019年与2018年末相比，京津冀地区不良贷款率下降明显。

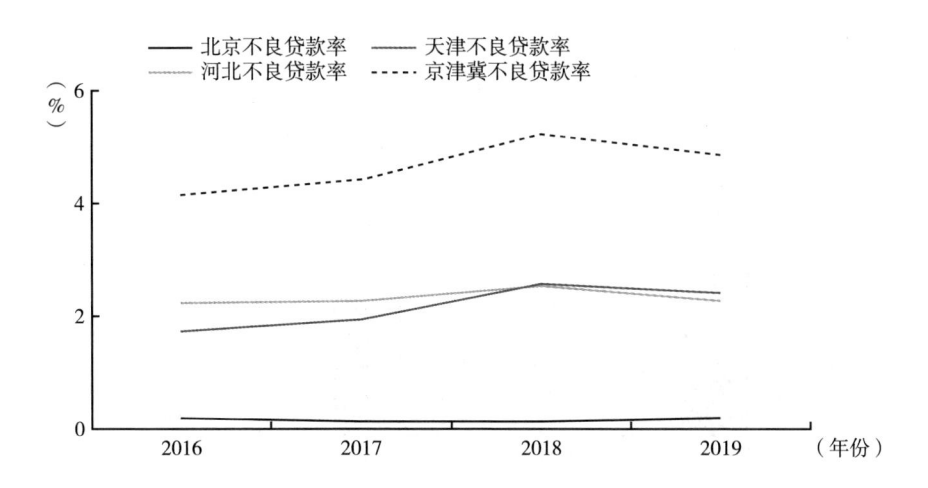

图6　2016～2019年京津冀地区的不良贷款率

数据来源：中国人民银行。

（二）京津冀地区金融机构发展情况

1. 银行业金融机构存贷款总量稳步增加，与长三角仍存在较大差距

"十三五"期间，京津冀地区的存贷款余额稳步增长，金融机构存款余额比金融机构贷款余额多（见图7、图8）。2016年京津冀地区金融机构存款余额为21.73万亿元，金融机构贷款余额为12.13万亿元；2019年京津冀地区金融机构存款余额为27.61万亿元，金融机构贷款余额为16.68万亿元；2016~2019年，金融机构存款余额增加5.88万亿元，增幅为27.06%；金融机构贷款余额增加4.55万亿元，增幅为37.51%。贷款余额增幅大于存款余额增幅，表明京津冀地区资金使用效率有所提高。相比较而言，长三角地区金融机构存款余额增加8.73万亿元，增幅为26.36%；长三角地区金融机构贷款余额增加10.31万亿元，增幅为44.28%；珠三角地区金融机构存款余额增幅为29.27%，珠三角地区金融机构贷款余额增幅为51.44%。京津冀地区的存贷款余额增幅均小于长三角、珠三角地区，但总体增幅比全国平均水平要高，表明京津冀地区金融业成为我国经济强有力的支撑之一。

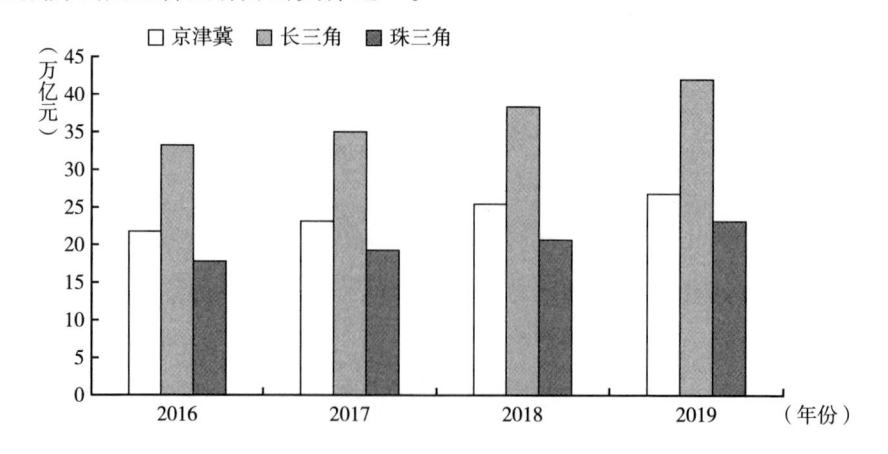

图7 2016~2019年京津冀、长三角、珠三角地区金融机构存款余额

数据来源：《中国城市统计年鉴》。

图 8 2016～2019 年京津冀、长三角、珠三角地区金融机构贷款余额

数据来源：《中国城市统计年鉴》。

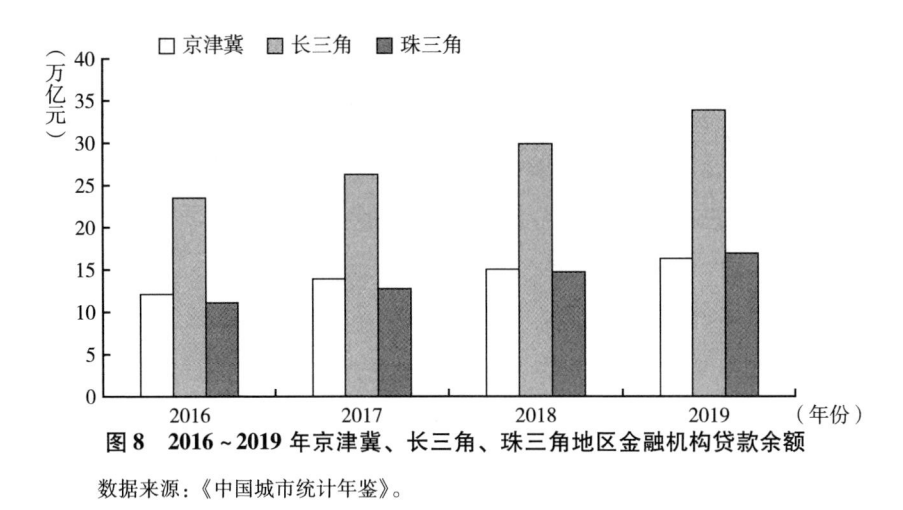

2. 证券业金融机构发展平稳，上市公司数量与总体市值稳步增长

一个地区经济金融发达程度可以使用资本市场的直接融资能力进行衡量。其中，上市公司作为地区间经济实力的代表，其数量也代表着一个地区的经济发达程度。从表2可知，2016～2019 年，京津冀地区的上市公司数量占全国的比重在12%上下，北京、天津、河北的上市公司数量也各自呈上升趋势。相较而言，北京的上市公司数量较多，资本市场更发达，成为京津冀地区股票资源的主要集中区域。

表 2 2016～2019 年京津冀地区沪、深交易所上市公司数量

年份	北京上市公司数（家）	天津上市公司数（家）	河北上市公司数（家）	京津冀上市公司数（家）	全国上市公司数（家）	京津冀上市公司数占全国的比重（%）
2016	281	45	52	378	3082	12.26
2017	306	49	56	411	3477	11.82
2018	316	50	57	423	3578	11.82
2019	346	54	58	458	3831	11.96

数据来源：中国证券监督管理委员会。

"十三五"期间，全国"新三板"挂牌公司数逐年增加，与此同时摘牌公司数也在大幅增加，因此每年末"新三板"挂牌公司数总体呈现减少趋

势。其中,北京"新三板"挂牌公司数占全国的比重小幅降低,天津和河北有所提高(见图9)。这表明,随着京津冀协同发展的推进,资本要素结构实现了重新划分,三个地区加强了金融合作和分工。

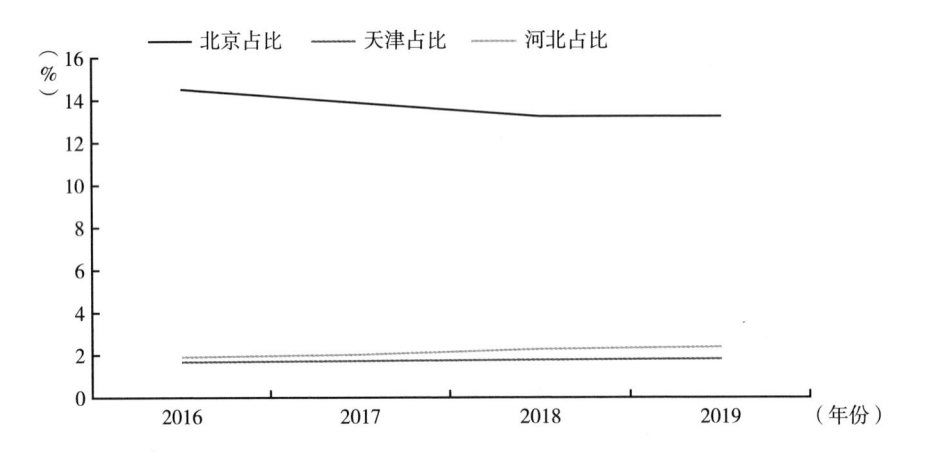

图9 2016～2019年京津冀地区"新三板"挂牌公司数占全国的比重

数据来源:全国中小型企业股份转让系统。

3. 保险业金融机构实现较快发展,社会服务功能进一步加强

"十三五"期间,保险业金融机构得到较快发展。如图10所示,2016～2019年,京津冀保险公司数均保持在50家以上,维持稳定发展。保险深度从2016年的5.77%下降至2019年的5.54%,主要原因是三地的国内生产总值增幅大于三地的保费收入增幅,由此可以看出,"十三五"期间,京津冀协同发展在提升三地GDP增速方面卓有成效。2016年京津冀保费收入为3863.8亿元,2019年为4684.2亿元,增长21.23%。2016年京津冀保险密度为5931.8元/人,2019年增至6755.2元/人,增幅为13.88%。在保险业中,保险密度是重要的衡量指标之一。保险密度指在一个有限的统计区域内常住居民的平均保险金额。它反映了该地区经济发展和人民保险意识的强弱,也标志着该地区保险业务的发展程度。"十三五"期间,京津冀地区保险业务发展迅速,从侧面反映出京津冀地区经济发展良好,人民的保险意识逐渐增强,保险业的社会服务功能进一步加强。

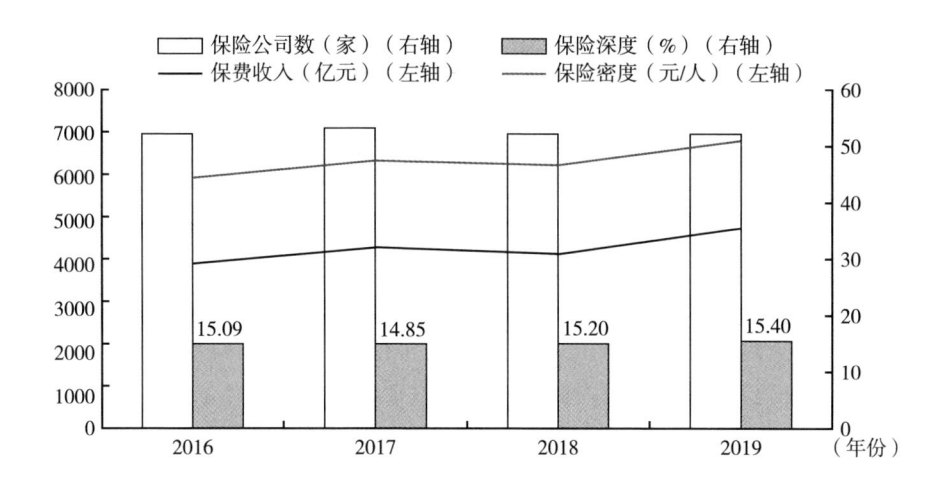

图10 2016～2019年京津冀保险业情况

数据来源：中国银行保险监督管理委员会。

二 "十三五"期间京津冀金融发展存在的问题

"十三五"期间，为促进京津冀协同发展，北京、天津、河北三地同步采取相应措施，共同推进三个地区的融合与发展，通过努力，阻碍三个地区协同发展的因素逐渐减少。但从整体来看，尤其是与长三角、珠三角等地区相比，京津冀地区的金融协同发展水平较低，依然存在一些因素在一定程度上阻碍京津冀一体化发展的步伐。

（一）京津冀金融发展的目标和定位模糊

明确的金融发展目标以及准确的发展定位是促进京津冀地区经济发展的前提，确定好目标和定位，三地一体化的步伐才能加速，三地金融发展合作才会有新的面貌。然而，当前京津冀三地并未建立起较为成熟的金融资源共享机制、金融协同发展综合协调机制，没有统一的金融市场。首先，三地金融协同发展的目标较为模糊，而且并不完全一致，三地各有所求，均注重本地区的个体利益，不仅没有考虑三地的协同发展，而且金融方面的竞争比较激烈。

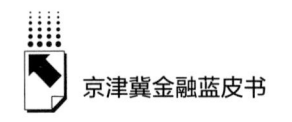

（二）京津冀金融发展缺乏有效的保障机制

由于京津冀三地金融发展的方向各不相同，经济发展的着力点也有差异，三地金融协同发展相关保障机制很难有效建立，主要表现为以下三点。

第一，金融合作的地位受经济实力的影响。由于北京、天津、河北三地经济实力有所差距，在协同发展中所处的地位不同，同时在金融优惠政策上三地也存在些许差异，这在一定程度上限制了三地金融的协同发展。第二，三地金融协同发展缺乏政府保障机制。国有资本在三地中占有非常重要的地位，但国有资本的运用受国家监管，因此在市场上难以充分发挥作用，以至于金融资源不能很好地融合发展。第三，地方保护主义。为了促进区域金融业发展，京津冀地区采取了一些措施鼓励本地金融业发展，同时对外来金融机构和金融业务制定了一些限制措施，阻止其在本地发展，但这也在一定程度上制约了三地金融协同发展。同时，三地的一些政策限制了资本的流动，阻碍了三地金融资本的流通，影响产业结构的调整，不利于京津冀三地金融业协同发展。

（三）存贷款占全国比重呈下降趋势，抵御风险能力较低

2005~2019年，虽然京津冀地区的存款、贷款规模在全国存贷款规模持续上升的趋势下也大幅度升高。但是，图11显示，京津冀贷款余额占全国的比重虽然波动较小，但一直处于平稳下降的态势，而且占比不高，2005年为12.11%，2019年为10.84%。存款方面，金融机构年末存款余额占比下降趋势明显，2005年为20.82%，2019年下降至14.36%。银行信贷虽然不是资金融通的单一渠道，但仍是中国经济金融发展过程中最主要的融资方式，通过上述分析可知京津冀地区在获取信贷资源方面的效率和能力不足。

另外，京津冀地区的金融效率（以金融机构年末贷款余额与存款余额之比来衡量）从2005年的58%上升至2014年的62%（见图12），总体是波动上升的，这在一定程度上表明该期间京津冀地区整体信贷规模发展持续向好；但是，2014~2015年京津冀地区的金融效率在一年内出现巨大波动，

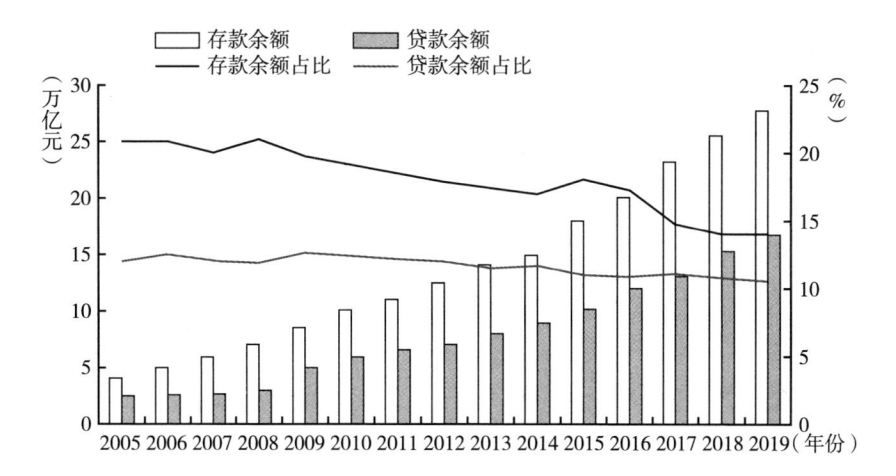

图 11　2005~2019 年京津冀存贷款余额及占全国的比重

数据来源：中国人民银行。

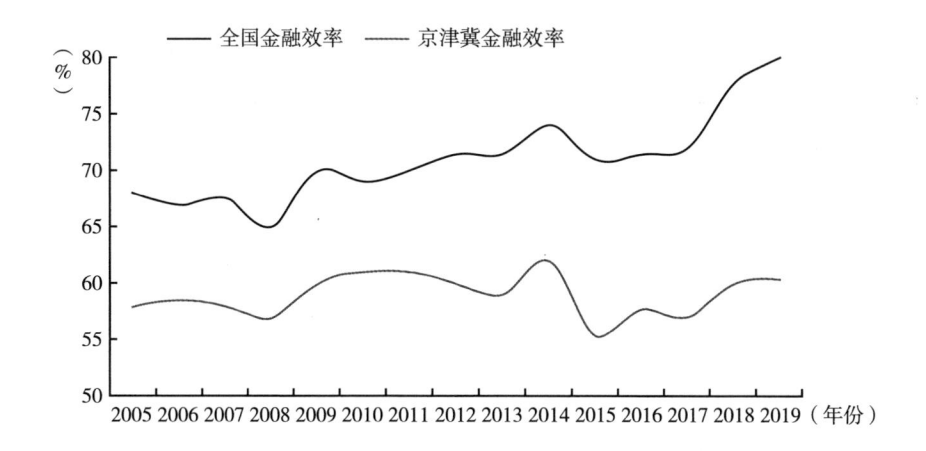

图 12　2005~2019 年全国和京津冀金融效率

数据来源：中国人民银行。

由62%下降到55%，下降7个百分点，降幅极大，表明京津冀地区信贷资源开始出现明显收紧的现象。这在一定程度上充分反映出我国在2014年末中央经济工作会议上提出的谨防"高杠杆、泡沫化"要求的显著影响力，同时"去杠杆"在2015年成为供给侧改革的主要任务之一，我国金融机构贷款开始变得更加慎重。对比2005~2019年全国金融效率与京津冀地区金融效率态势，二者在起伏形态、波动程度、变化趋势上大体相似，但京津冀地区金融效率始终大幅低于全国整体金融效率，由此可知京津冀地区在金融信贷领域的发展，在将金融信贷资源转化升级为投资、消费上的能力始终大幅落后于全国平均水平，同时金融机构信贷约束较紧，暴露出过分谨慎、缺乏主观能动性的缺点，因此京津冀金融效率存在很大的提升空间。另外，2016~2019年京津冀地区金融效率在经历短暂的大幅下降后迅速由57.8%上升到60.41%，可见在"十三五"规划中提出的加快金融体制改革、提高金融服务实体经济效率的建议成效比较显著，金融机构信贷资源逐渐放宽。

（四）金融空间差异显著

从整体空间格局看，京津冀金融资源主要分布在京津两个直辖市以及河北石家庄、秦皇岛、保定、唐山等经济发展程度相对较高的城市，这些区域的社会经济发展水平与城市金融发展程度高度吻合。北京金融业的信贷规模、金融供给、金融产出及其他方面的发展在京津冀地区均表现出极为明显的优势，始终占据着绝对的领导地位，各相关指标数据均高于其他地区。2017年，北京市金融业从业人员、金融机构存款余额和贷款余额在京津冀地区的占比分别是50.32%、61.96%和46.14%，金融业增加值占比为53.75%（见图13），虽然仍占据绝对优势，但相比2016年均有明显下降。同时，"十三五"京津冀国民经济和社会发展规划提出要缓解北京的"大城市病"，据此于2017年提出建设河北雄安新区的举措，探索人口经济密集地区新的开发模式，调整优化京津冀地区的资源配置和金融空间结构布局，这些都在不同程度上对疏解北京的非首都功能做出了相应贡献。从2017~2019年的数据可以看出，北京金融机构存款余额、贷款余额、金融业增加值在京津冀金融业中的占比逐步回升；同时，由于数字金融发展迅猛，以及金融供给侧改革等因素的影响，北京金融业从业人员所占比重显著下降。

总体来说，在京津冀金融协同发展过程中仍然存在一些问题。例如信贷规模占全国的比重呈下降趋势，由2005年的12.11%下降到2019年的10.52%；金融效率长期存在明显波动，为0.55~0.6，低于全国金融效率

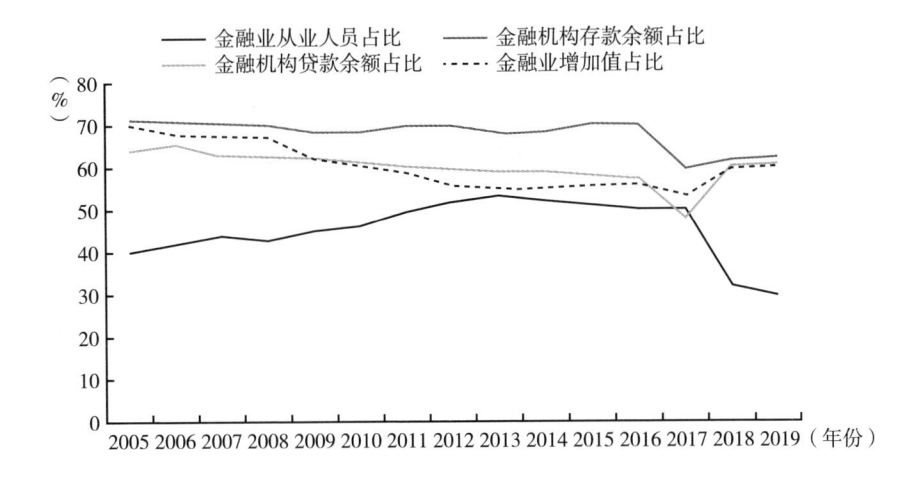

图 13　2005～2019 年北京在京津冀金融业中的地位

数据来源：中国人民银行、国家统计局。

水平且差距较大。2016 年以来，天津金融业存款余额、贷款余额占三地的比重为 10%、18% 左右；河北金融业存款余额、贷款余额占三地的比重为 22%、24% 左右；由于区域面积及经济体量等原因，天津占比最低。京津冀协同发展中还存在地理结构、经济发展水平、金融开放程度等方面的差异，导致京津冀金融发展存在较大差异，区域经济发展差距过大、发展不协调。金融资源的过度极化以及北京、天津等大城市对周边地区的"虹吸效应"等，使得在经济社会发展过程中缺乏金融支持、易受到外部因素的冲击和影响等问题在京津冀地区尤为突出，这是长期以来三地之间没能形成优势互补、互动发展格局的重要原因。

三　金融支持京津冀协同发展的现实评价与对策研究

金融支持能够促进区域经济产业发展以及结构优化，促进区域经济增长的分工合作，为区域经济增长提供健全的资本市场，拓宽了融资渠道。金融支持一方面可以在为企业提供充足发展资金的同时又为企业的改革升级提供有利的条件；另一方面可以整合区域资源，实现产业联动，资源共享，减少发展中不必要的障碍。近年来，金融对京津冀地区协同发展的支持如下。

（一）银行类金融机构[①]对京津冀地区协同发展的支持

作为现代金融业当之无愧的核心部分，国民经济运行、发展不可或缺的重要枢纽，银行业在我国金融中介中始终处于核心地位。2019年，京津冀三地银行类金融机构相关数据如表3所示。其中，河北省凭借其地级市数量多、省域面积庞大的优势，在银行业机构数、从业人员数上均遥遥领先于北京和天津这两个直辖市，但即便如此，河北省24%的银行类从业人员占比在三地中是最少的，而且不足北京和天津的一半。北京市2019年银行类金融机构资产总额大幅领先于天津和河北，超过了天津和河北的总和。天津虽然是直辖市，却没有发挥出直辖市的优势，其银行类金融机构资产总额远低于北京，也低于河北。2018年，天津银行类金融机构从业人员数为66180人、从业人员占该地区总人口的比重是42%，2019年大幅增长，在数据上与北京和河北的差距逐渐缩小。但由每平方千米银行类金融机构数可以看出，河北为0.06，依旧低于北京和天津，这可能受制于河北金融机构分布不均衡、经济发展水平较低等因素。整体而言，京津冀三地银行类金融机构各指标之间的差距呈缩小趋势，京津冀区域经济协同发展成效显著。

表3 2019年京津冀三地银行类金融机构发展情况

地区	机构数（家）	每平方千米金融机构数（家/平方千米）	从业人员数（人）	从业人员占该地区总人口的比重（%）	资产总额（亿元）
北京	4560	0.25	122726	57	262498
天津	2991	0.25	100635	64	50973
河北	11868	0.06	184440	24	87332

数据来源：中国人民银行、银保监局。

---

① 本处银行类金融机构将信托业涵盖在内一并进行分析。

由表4可以看出，大型商业银行、股份制商业银行、邮政储蓄银行等银行类金融机构在京津冀三地的分布特点大致相同，总体表现为分布均匀、数量较多。而财务公司、信托公司、外资金融机构的分布表现为极端不均衡的状况，高度集中在北京，天津和河北寥寥无几，可见北京银行业的金融支持力度非常大。天津和河北两地银行类金融机构的结构相似性较大，呈现结构分布相对单一的特点，主要以大型商业银行、股份制商业银行、城市商业银行以及农村合作机构为主。同时，天津目前还没有财务公司、信托公司、新型农村金融机构等。两地银行类金融机构的发展仍处于上升过程，缺乏抵抗风险的能力，对产业发展、经济建设的贡献度还不够大。

表4 2019年京津冀地区银行类金融机构情况

单位：家

类别	北京	天津	河北
大型商业银行	1797	1247	3309
政策性银行	18	8	166
股份制商业银行	813	407	506
城市商业银行	425	301	1221
农村合作机构	673	618	4885
财务公司	75	0	7
信托公司	12	0	1
邮政储蓄银行	574	389	1456
外资金融机构	115	21	2
新型农村金融机构	40	0	312
其他	18	0	3
总计	4560	2991	11868

数据来源：中国人民银行、银保监局。

（二）证券业[①]对京津冀地区协同发展的支持

近年来，我国证券业的发展壮大已经进入快速通道，成为企业融资、资

---

① 此处证券业包括证券公司、基金公司、期货公司。

源配置的另一主要阵地。2019年,京津冀地区证券业的机构数量、证券公司营业部数量、年末上市公司数量、A股筹资额、债券筹资额、流通股总市值等指标如表5所示。

表5 2019年京津冀地区证券业发展规模

地区	总部设在辖区内的证券机构数量(家)			证券营业部数量(家)	年末上市公司数量(家)	A股筹资额(亿元)	债券筹资额(亿元)	流通股总市值(亿元)
	证券公司	基金公司	期货公司					
北京	18	19	19	544	346	3861.0	6974.7	139278.6
天津	1	1	6	153	54	180.0	2414.0	7208.4
河北	1	0	1	257	58	148.4	623.5	6805.4

数据来源:中国证监会。

2019年,北京在京津冀地区证券业的发展规模中处于明显的领先地位,绝大多数证券、基金、期货公司的总部坐落于北京,北京的证券营业部数量也表现出绝对的优势,超过天津和河北的营业部数量之和。与此同时,北京依托其庞大的上市公司数量和证券营业部数量,在证券市场各类资产融资额中都拥有绝对优势。整体来说,证券业的金融资源配置在京津冀地区呈现布局不平衡、发展差距较大、金融支持不合理的现象,"十三五"规划实施后虽然天津和河北的证券业发展效果显著,但依旧需要紧密依托北京这个北方的经济金融中心,在充分利用其丰富资源的基础上加以创新和调整结构,共同提升京津冀地区证券业的支持力度。

(三)保险业对京津冀地区的支持

保险业同样是金融业的一个重要组成部分,且保险业现在正处于一个飞速发展的重要机遇期,近年来保险作为风险管理重要的有效手段在金融业的影响逐步加深且无法取代。2019年,京津冀地区保险业机构数量、保费收入、保险赔付支出、保险密度及深度等数据如表6所示。

2019年,北京的保险公司总部数量,无论是财产险总部数量还是寿险总部数量,都占据绝对主导地位,京津冀地区保险公司分布极其不均衡。就

表6 2019年京津冀地区保险业发展规模

地区	保险公司总部数量(家) 财产险总部	保险公司总部数量(家) 寿险总部	保险公司分支机构数量(家) 财产险分支机构	保险公司分支机构数量(家) 寿险分支机构	保费收入(亿元)	保险赔付支出(亿元)	保险密度(元/人)	保险深度(%)
北京	14	31	49	63	2077.0	719.0	9640.0	6.0
天津	2	4	28	41	618.0	158.0	3957.0	4.4
河北	1	0	37	38	1989.2	549.8	2030.0	5.0

数据来源：中国人民银行分行、银保监局。

人口总数而言，河北的人口数是北京和天津合计的近2倍，但是从保险密度来看，北京的保险密度是天津的两倍有余，是河北的近五倍，这从侧面反映了北京地区人们的风险管控能力、避险意识较强，保险业务的发展水平远超天津和河北。2019年，河北的保险密度与2018年相比出现小幅下降，而天津的保险密度小幅上升；同时，北京和河北的保险深度与前一年相比基本没有变化，但天津的保险深度由2018年的2.9%提升到4.4%，表明天津的保险业稳中有进。保险业的繁荣发展能够使保险机构成为重要的机构投资者，既可以为需要资金的产业提供雄厚的金融支持，又能进一步拓宽企业的融资渠道。保险深度是一国经济总体发展水平和保险业发展速度的直观反映，从往年的数据看，京津冀三地的保险业发展始终存在"阶梯形"差距，保险深度差异较大，但2019年天津的保险深度与河北趋于持平，这在一定程度上反映了京津冀地区经济协同发展的有效成果。

根据上述状况，本文对金融支持京津冀协同发展提出以下对策建议。

（一）政府层面：建立配套金融政策体系，防范和化解金融风险

京津冀三地政府要以"区域金融一盘棋"的理念为核心推进京津冀区域经济协同发展，构建和优化政府间合作治理模式。一是在顶层设计上明确整体与地方的差异化定位。在整体层面，要充分考虑各地的特点和优势，为各级政府提供差异化的金融支持政策方案，提升区域整体高质量发展效率；

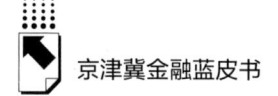

在地方层面，区域内各级政府要合意明确并充分发挥职能，搭建金融机构与企业信息交流及合作的平台，推动银企对接，缓解信息不对称问题，同时全面加强沟通协作形成合力。二是完善金融监管体系，各级政府部门与中央金融监管机构保持步调一致，优化各地金融发展生态，管控金融风险在产业链上下游的积聚与传导，提高对系统性风险的防范化解能力。

（二）金融机构层面：银行、证券和保险业实现金融资源的合理配置

首先，在银行业区域协作中，津冀两地银行要逐渐由传统单一的信贷模式向综合规范的业务服务模式过渡。一是要完善承兑、票据贴现和融资租赁等多种信贷方式，为客户提供多种金融产品和服务，满足企业多样化的投融资需求，建立银企合作黏性。二是在风险可控的前提下，在合理范围内提高对科技型企业和成长中的中小企业的信贷支持力度，同时减少信息不对称以畅通投融资环节。三是完善银行内部信贷服务机制，支持总行指导津冀两地分行进行业务转移和承接，津冀两地分行应努力做好贷后管理服务，在防控风险领域加强合作与创新，提高信贷业务质量和效率。

在证券业区域协作中，一是因地制宜发展专项资产证券化、短期融资融券等业务；二是利用科创板、新三板和OTC赋能企业快速发展，让更多有上市意愿的企业获得上市融资机会，拓宽企业融资渠道；三是津冀两地融资可用于支持京津冀协同发展专项建设，进而促进京津冀区域经济协同发展。

保险业要继续保持和发挥各地保险资金的优势，根据不同行业的特点，通过股权、债权、基金、资产管理计划等方式提供资金支持，为三地产业转型升级提供服务。天津、河北在保险覆盖范围上与北京有很大差距，应提升保险密度和深度。在普及风险管控理念、提升保险意识的同时，开发个性化的保险产品和服务，为客户提供一揽子保险解决方案，提升保险业的吸引力，从而防范三地经济协同发展过程中可能出现的各种潜在风险，增强自身发展的主观能动性，减少对政府的依赖，减轻企业的负担，尽可能避免由潜

在风险导致的损失。同时大力发展绿色保险、科技保险等创新保险业务，在传统的保险业务和模式上加以创新，将保险资金优先投向环保产业和新能源产业，在促进保险业发展的同时带动新兴产业的发展，提升金融效益，促进三地绿色低碳经济协同发展。

（三）金融业务层面：完善金融服务，创新金融产品和管理模式，建立配套金融支持政策

适当放开对京津冀三地异地融资担保贷款的限制，促进三地的高度协作配合、金融资源的利用和共享，努力推动三地金融业实现一体化管理、一体化发展。引导优质金融资源逐步投向京津冀这一北方经济发展的重要领域，特别是天津和河北两地，提升天津、河北的金融支持度。同时，调整升级保险业务营销服务体系，拓宽覆盖面，通过更加便捷的支付渠道达到完善健全支付管理制度、提高资金运作和使用效率的目标。三地金融机构要树立全局发展理念，银行业可以推出银团贷款、联合授信，取消异地信贷的限制和约束，激发金融机构的自主放贷能力，提升京津冀的金融效率，不断扩大金融服务业务的范围和影响力，缩小三地金融业发展的差距。

（四）金融人才层面：加强创新人才培养，完善人才流动机制

加快落实金融人才相关政策，在户籍制度、住房补贴、医疗保险制度等方面出台相关政策，降低金融人才流动风险。同时，加强京津冀金融人才互动交流，提高人才获取信息的及时性和有效性，搭建更多的渠道和平台，减少信息资源共享的不畅。提高京津冀金融服务体系整体薪酬水平，特别是基层岗位薪酬水平，增设更多的金融服务岗位，适当开放人才引进及落户政策，更好地吸引应届毕业生。进一步丰富金融业态，为金融业内部注入活力，全面提升金融平台的广度和深度，拓展金融人才的职业发展空间，引入更多高层次创新人才。提高金融教育水平，普及金融知识和金融理念，培养多元化复合型金融人才，着力解决当前互联网金融人才短缺问题，紧随时代

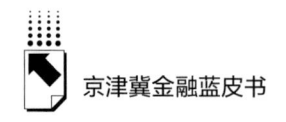

发展的热点，提高高端金融人才服务金融发展的灵活性及综合能力。适时而变，制定不同时期的金融发展远景，通过建立金融协同创新中心，实现高校、金融机构和政府之间的有效沟通和良性互动。

四 "十四五"期间金融支持京津冀协同发展的新思路

回顾"十三五"，京津冀协同发展不断取得突破，金融在京津冀协同发展过程中发挥了重要的先导力量，金融服务实体经济的定位进一步得到明确。展望"十四五"乃至更长时期，京津冀金融业要想实现自身创新变革进而驱动京津冀协同发展依然任重道远，金融支持京津冀区域经济的高质量协同发展仍旧存在许多问题亟待解决，因此可以从以下方面着手推动京津冀金融协同发展。

（一）以制度创新为动力，推动金融要素在区域内自由流动

制度变革是经济增长的最根本来源。就金融发展来说，金融制度的创新同样也是激发金融发展、促进金融深化的重要动力。从监管制度创新来说，要树立金融创新监管先行的理念，让金融监管做到建制度、不干预。因此，设立京津冀金融监管局，统一三地金融监管，对三地具体金融业务采取口径一致的监管标准，有利于整合三地金融资源，提高金融资源的利用效率，推动三地金融要素的自由流动。在具体监管实践中，既要重视统一性又要强调包容性，这是因为京津冀三地金融要素的异质性较强，各自所处的发展阶段也不相同，因此要在统一监管标准的基础上，采取具有针对性的监管举措，守住不发生系统性金融风险的底线。在业务制度方面，当前是数字经济时代，信息成了重要的生产要素，对金融领域来说，更是得信息者得天下。在业务流程上，京津冀三地要将数字金融引入具体业务当中，最大限度地支持便利化支付、金融产品选购等业务的发展。通过数字金融补齐京津冀金融发展水平的短板，提升区域整体金融服务能力，促使京津冀形成一条金融供给的完整产业链。

（二）充分发挥自贸区在金融改革开放方面的试验田作用，加快京津冀三地金融一体化步伐

以开放倒逼改革、用开放促进发展成为我国新时期经济发展的风向标。对外开放与国内改革是一对相辅相成、相互促进的发展举措。对外开放将进一步倒逼中国改革，完善现有的一系列根本性制度。未来几年，我国自贸区的战略意义突出表现在如下几个方面。

第一，自贸区是构建双循环格局的重要载体。党中央综合考虑国内国外两个大局，提出以畅通国内经济循环为主构建新发展格局，自贸区作为链接国内外市场的重要枢纽，对接高标准投资贸易规则的一系列制度改革，成为我国双循环格局构建的重要载体。

第二，自贸区是制度创新高地。我国自贸区总体方案中明确提出了要以制度创新为核心，自贸区可以先行先试一系列制度创新举措。在政府职能转变以及贸易投资便利化等多领域可以为制度试错提供重要的试验场所，未来的自贸区将成为我国制度创新的高地。

第三，自贸区是高端产业的聚集地。政府在自贸区中成为"守夜人"，市场经济在自贸区建设中可以充分发挥作用。因此，各类高端生产要素会加速向自贸区内集聚，并形成集群，产业结构的优化为经济增长提供最强大的驱动力。

第四，自贸区是金融创新的催化剂。因为自贸区是一种特殊监管区域，实行一线完全放开、二线高效管住的特殊监管举措，金融创新带来的风险不会溢出到自贸区以外的区域，类似监管沙箱，沙箱内法无禁区皆可为、创新无边界，这为自贸区内的金融创新提供了宽松的社会环境。

目前，京津冀三地都拥有自贸区，天津自贸区要将金融开放作为服务京津冀协同发展的新亮点、新特色。首先，制定与其地位相匹配的容错纠错机制，调动各个部门参与到自贸区建设的协同机制中。调整当前的绩效评价机制，进行深层次的金融改革，更加有利于把容错机制、地方创新机制融合在一起，给予地方自主改革更大宽容和更多支持。其次，创新金融协同发展的

建设模式，配套相应的政策，充分发挥三地的资源优势，形成资源互补和配合，避免无效竞争导致的成本提升。提升金融开放水平，重点打造和提升营商环境，提升协调效能。天津自贸区要以金融创新为核心抓手，重点探索金融服务实体经济的新模式和新方法。河北自贸区要以引领雄安新区高质量发展为重要抓手，争取在与北京中关村、天津滨海新区等地自贸区的合作中，在金融创新发展方面获得更多的资源和支持，联合雄安新区共同组建金融创新基地，促进各类资源和要素的跨区域流动，支持各个自贸区的发展。北京自贸区要先行先试创新举措，积极探索京津冀协同发展新路径。对于北京自贸区金融改革来说，要依托既有优势，在数字金融领域开创三地协同路径。一是在三地之间形成统一开放的数字金融市场，逐步实现三地自贸区数字金融服务标准的统一，推动实现整体的区域服务互认和相互采集等服务。二是探索三地统一的征信共享机制，实现三地银行系统的联合授信采信。三是结合三地的数字金融情况，积极创新合作模式，建立多元化的数字金融承接体系。

（三）准确理解双循环新发展格局的核心内涵，将京津冀协同发展融入新发展格局中，不断提升金融支持地方经济高质量发展的水平

第一，要深刻理解和把握新发展格局的内涵和外延，把握金融服务实体经济发展的本质。随着疫情的常态化发展和中国经济复苏遇到阻碍，习近平总书记综合考量国内国际两个大局，提出以畅通国民经济循环为主构建新发展格局。双循环新发展格局的积极作用不言而喻。双循环格局是我国今后一个较长时期经济发展的基本遵循，有利于我国在复杂多变的国际局势下站稳脚跟，有利于我国重构在全球产业链、供应链中的地位，为我国在危机中育新机，在变局中开新局指明前进的方向。我国当前的经济形势不是需求不足，而是有效需求不足，产品市场种类不全、质量不高、体验感差导致人们需求转移，因此，实行供给侧结构性改革是刺激有效需求的撒手锏。用供给侧的创新，丰富、提高产品市场，刺激有效需求，充分发挥我国超大市场规模的优势。金融是国民经济的命脉，是疏通国民经济循环梗阻点的润滑剂，金融业要紧跟时代潮流，积极改革创新，在构建新发展格局中发挥重要作用。京津冀三地金融管理机构要树立区域发展一盘棋的理念，积极进行金融供给侧改革，推行稳健的货币政策，打通金融服务实体经济的梗阻点，连接金融服务京津冀协同发展的断点，积极为三地实体经济的融合发展提供良好的金融环境。

第二，要将京津冀协同发展战略放进新发展格局这个大的宏观背景下考虑，金融体制要更加注重协同运转。新发展格局不是孤立存在的，而是与国家区域协同发展战略、"一带一路"建设以及自贸区相辅相成的，它们共同促进国家的进步与发展。习近平总书记在多次讲话中指出，要在有优势条件的区域率先形成全新发展格局，积极打造改革开放的新高地。

从内循环角度看，京津冀地区一直都是我国经济发展的重点区域，是与长三角、珠三角地区并列的重要的国内发展区域。当前京津冀地区科技创新能力较强，要素流动壁垒也进一步减弱，这些都将促使京津冀地区成为国内大循环的高地。从国内国际双循环角度出发，由于北京独有的政策优势，以北京为中心的京津冀地区成为国外投资者投资中国的重点区域，这一优势为京津冀地区发展成为链接国内国外双循环的重要节点奠定了坚实的基础，同时也对京津冀地区的金融工作提出了更高的要求。首先，要进一步加强三地金融政策的协同性，三地的人民银行要发挥领导作用，率先建立起相互协调的体制机制，提升京津冀三地在银行信贷、线上支付、金融产品设计与销售以及金融数据统计、金融政策稳定等方面的协同发展水平。其次，三地在金融监管上要建立定期沟通会晤的体制机制，加强监管政策的统一协调，为金融创新提供良好的监管环境和有力的政策保障。最后，要更加注重金融服务的协同性。"为穷人融资，为富人理财"是金融的核心功能之一，因此金融服务是否协同、高效、优质直接决定了整体金融效能的发挥。京津冀三地金融机构要更加注重在金融项目规划、评审以及授信等方面的协同与合作，在制定整体发展规划后，要强化三地金融资源的共享，鼓励错位发展、优势互补，最大化三地金融资源的利用效率，驱动区域经济的高质量协同发展。

（四）始终将构建安全高效的金融环境作为京津冀金融改革发展的风向标，严守不发生系统性风险的底线

随着我国金融开放领域的逐步拓宽、程度不断加深，京津冀地区金融改革和创新环境也面临着更大的不确定性。金融稳则经济稳，这就要求我们将构建稳定的金融环境作为金融改革发展的重点工作，处理好金融深化与金融风险之间的关系，因此，要将新一代信息技术融入金融监管流程，加强穿透式监管，将金融风险扼杀在摇篮中，防止"黑天鹅"事件的发生。同时，在金融监管领域引入负面清单制度，聘请金融专家制定金融监管负面清单，对清单内内容坚决杜绝，但也要做到"法无禁止即可为"。将鼓励金融创新与提高金融监管效率融为一体。当然，守住不发生系统性金融风险底线还要更加注重与其他地区的交流协作。由于现代信息技术的迅猛发展，其与金融业结合后产生许多前所未有的金融新业态；资金流、信息流的跨区域流动变得更加容易，这都使金融风险的蔓延更加容易，因此，各地区要加强在金融监管上的沟通协作，制定统一的监管标准，不断完善负面清单并拓宽其使用范围，构建安全高效的京津冀金融环境，多维发力助力京津冀经济高质量发展。

（五）以天津金融创新运营示范区建设为抓手，深化京津冀金融领域开放，助力打造高水平对外开放新高地

从历史角度看，天津一直是中国北方对外开放的高地。在构建双循环相互促进以及京津冀区域协同发展的战略背景和时代方位下，天津要率先进行金融改革，创新各项工作，以金融创新运营示范区建设为抓手，深化金融开放，引领区域金融融合发展，推动京津冀一体化进程。第一，以金融创新运营示范区为抓手，突出金融改革的首创性。打造京津冀对外开放新高地，为区域融合发展敢于试错、勇于试错。第二，紧跟时代发展潮流，打造京津冀金融开放样本区域，带动整体金融开放水平的提升。要以天津自贸区"金改30条"等金融改革工作为主线，抓落实抓完善。另外，天津作为京津冀

地区唯一拥有 FT 账户的区域，要充分利用这一政策优势，申请提高自由贸易账户可自由兑换的额度，为金融开放奠定账户流通基础。第三，充分利用民间宣传平台，如行业协会、地方商会等，加大对金融开放的宣传力度，以便更好地贯彻相关政策，并迅速取得实际效果。第四，注重金融创新举措的可复制可推广，为北京、河北的金融改革开放提供经验。天津要充分发挥金融改革创新的示范引领作用，巩固已有金融改革开放成果，进一步推动高端装备制造业等新兴产业的发展；支持天津在投资便利化、金融自由化等方面加大改革力度，加快形成更多可复制可推广的经验，打造引领京津冀改革开放、促进区域协同发展的新高地。

参考文献

[1] 方云龙：《自由贸易试验区建设促进了区域产业结构升级吗？——来自沪津闽粤四大自贸区的经验证据》，《经济体制改革》2020 年第 5 期。

[2] 王爱俭、方云龙、于博：《中国自由贸易试验区建设与区域经济增长：传导路径与动力机制比较》，《财贸经济》2020 年第 8 期。

[3] 高晓燕：《京津冀经济协同发展的金融支持研究》，《山西大学学报》（哲学社会科学版）2020 年第 4 期。

[4] 王爱俭、方云龙、王璟怡：《金融开放 40 年：进程、成就与中国经验》，《现代财经》（天津财经大学学报）2019 年第 3 期。

[5] 刘玚、植率、王学龙：《融资规模、融资结构与实体经济发展——基于我国金融供给侧改革研究》，《西南民族大学学报》（人文社科版）2017 年第 5 期。

[6] 曲彬、吴丹：《金融支持京津冀协同发展研究——基于滨海新区战略视角下的"波特钻石模型"分析》，《华北金融》2016 年第 3 期。

[7] 李西江：《对加强区域金融合作支持京津冀协同发展的建议》，《华北金融》2014 年第 6 期。

[8] 陆军、徐杰：《金融集聚与区域经济增长的实证分析——以京津冀地区为例》，《学术交流》2014 年第 2 期。

北京金融发展篇

Development of Beijing Financial Industries

B.2
2020~2021年北京金融机构发展报告

郭 红 葛施浓*

摘 要： 2019年，北京市继续牢牢把握作为经济中心城市的角色定位，稳步实施金融供给侧结构性改革，以"四个中心"首都城市战略为工作重心，贯彻落实中央对首都工作的基本要求，进而推动京津冀一体化发展的步伐。本报告分析了北京金融机构发展情况。2019年，北京市金融业增加值依然保持稳步增长态势；银行业一直居于首位，信贷结构小幅优化，利率市场化改革取得突破性进展。北京市金融机构在数量和规模上均有所下降，北京的经济发展重点转向高质量和内部结构转移。另外，北京保险业改革应积极完善保险业产品服务质量，在加强保险业活力的同时，完善监督体系。2019年，金融科技监管工作陆续开展，北京市作为

---

* 郭红，天津财经大学金融学院副教授、硕士生导师，研究方向：区域金融、宏观经济；葛施浓，天津财经大学金融学专业研究生，研究方向：国际金融。

全国首个试点，运用现代信息技术帮助金融提质增效，为金融科技的发展营造了安全、开放的环境。

关键词： 金融机构　银行业　证券业　保险业　新兴金融机构

2019年，北京市以供给侧结构性改革为主线，推动经济实现高质量发展。2019年，北京市地区生产总值达到35371.3亿元，较上年增长了6.1%。分产业看，第一产业增加值为113.7亿元，较上年下降2.5%；第二产业增加值为5715.1亿元，较上年增长4.5%；第三产业增加值为29542.5亿元，增长幅度达6.4%。全市经济发展更侧重二三产业，且第三产业增加值占比最大，增幅最高，体现出北京市的经济发展结构改善取得了成效。在第三产业增加值中，高新技术产业贡献了8630亿元，增幅达7.9%，战略性新兴产业贡献了8405.5亿元，增长7.3%，可见北京市高附加值产业仍处于高速增长阶段。

随着各项改革力度的不断加大，供给侧结构性改革也越来越注重深度。2019年初，我国将金融风险摆到了发展金融业的首要位置，形成了金融供给侧结构性改革的新战略，在该战略的引领下，北京市金融业在防风险的同时继续实现了稳增长。2019年，北京市金融业增加值再创新高，达到6544.8亿元，占地区生产总值的18.5%（见图1），这一占比虽较上年有所下降，但仍高于2017年及之前所有年份。此外，金融业增加值占比在各行业增加值占比中居首位（见图2），是北京市经济发展的第一推动力。

近年来，北京市的国际地位不断上升，金融影响力不断加大，在全球金融中心指数（GFCI）排名中，北京市进一步上升到第7名（见表1），国际金融影响力不断上升。

北京市金融机构总体配置和上年相似，表现为"有主有辅，主辅相成"，即主要成分为银行、证券、保险业机构，辅以信托业、外资银行等多元化金融业态，这可以更好地满足大中小企业、外资企业不同的资金需求，促进北京市各种新兴经济体的发展。随着大数据在各行各业的广泛应用，传统金融与大数据也将进一步协调发展，高普惠性的互联网金融产品近年来不仅得到了长足的发展，其面临的监管难题也在逐步解决。

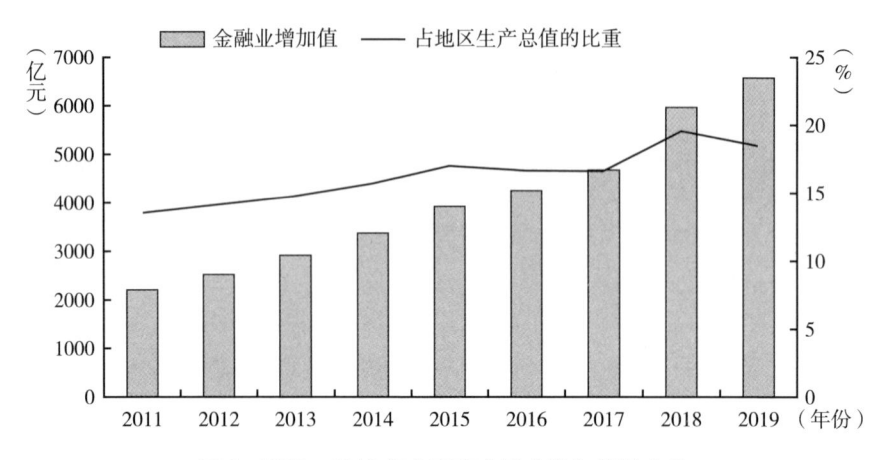

图1　2011~2019年北京市金融业增加值及占比

资料来源：国家统计局。

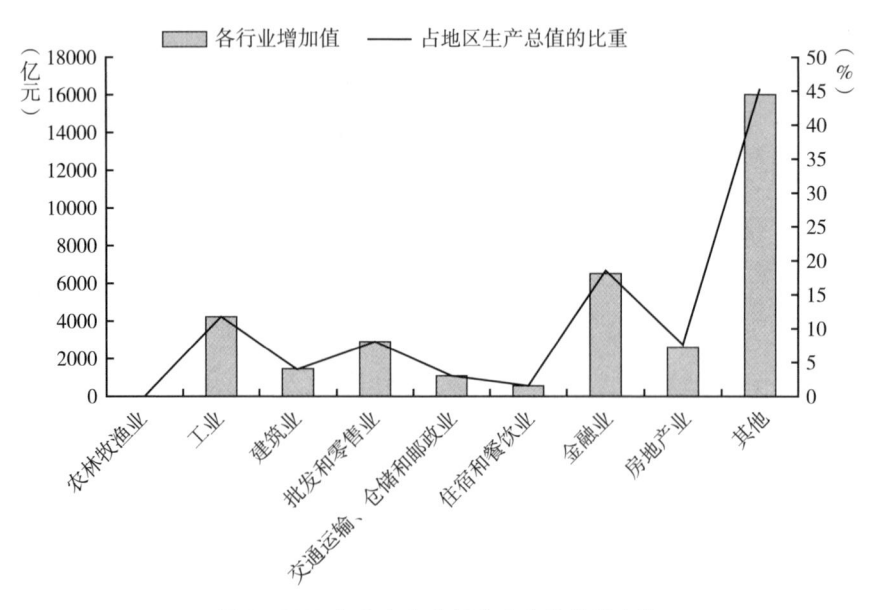

图2　2019年北京市分行业生产总值及占比

资料来源：国家统计局。

表 1 2015~2019 年北京市在 GFCI 上的排名

项目	2015 年		2016 年		2017 年		2018 年		2019 年	
	GFCI 17	GFCI 18	GFCI 19	GFCI 20	GFCI 21	GFCI 22	GFCI 23	GFCI 24	GFCI 25	GFCI 26
排名	29	29	23	26	16	10	11	8	9	7

注：GFCI 17 至 GFCI 26 为第 17 期至第 26 期 GFCI 排名的缩写。
资料来源：全球金融中心指数（GFCI）。

一 北京市银行类金融机构发展情况

2019 年，支持实体经济发展依然是银行类金融机构的首要任务，北京市信贷总额在上年高基数基础上继续保持较高增速，信贷结构进一步优化，在保证信贷总额的基础上加大对中小企业、高新技术产业和文化创意产业的资金支持力度，总体实现了高质量发展。

1. 银行类金融机构平稳发展，有升有降

2019 年，北京市银行类金融机构数量为 121 家，增速较上一年有所下降，只增加了 1 家，其中已上市的数量依然为 10 家（见表 2）。在这 10 家中，邮政储蓄银行继 2016 年在 H 股上市后，于 2019 年末在 A 股上市，至此我国六大国有商业银行（包括中国工商银行、中国农业银行、中国建设银行、中国银行、交通银行、中国邮政储蓄银行）全部完成了 A+H 股两地上市，是我国银行业发展的一大里程碑。

表 2 2019 年北京市上市银行类金融机构一览

公司名称	成立日期	上市日期	股票类型	注册资本（亿元）
中国工商银行	1985/11/22	2006/10/27	A 股、H 股	3564.06
中国农业银行	1986/12/18	2010/7/15	A 股	3499.83
		2010/7/16	H 股	
中国银行	2004/8/26	2006/7/5	A 股	2943.88
		2006/6/1	H 股	
中国建设银行	2004/9/17	2007/9/25	A 股	2500.11
		2005/10/27	H 股	

续表

公司名称	成立日期	上市日期	股票类型	注册资本（亿元）
光大银行	1992/6/18	2010/8/18	A股	524.89
		2013/12/20	H股	
中信银行	1987/4/20	2007/4/27	A股、H股	489.35
中国邮政储蓄银行	2007/3/6	2019/12/10	A股	869.79
		2016/9/28	H股	
民生银行	1996/2/7	2000/12/19	A股	437.82
		2009/11/26	H股	
北京银行	1996/1/29	2007/9/19	A股	211.43
华夏银行	1992/10/14	2003/9/12	A股	153.87

注：表中银行指总部在北京的银行。
资料来源：Wind数据库。

截至2019年末，北京市银行类金融机构网点总数较上一年减少143家，剩余4560家（见表3）；从业人数同比增长6.0%，达到122726人，在2018年小幅下降后又有所回升。

表3 2019年北京市银行类金融机构情况

类型	网点数（家）	从业人数（人）	资产总额（亿元）
大型商业银行	1797	53089	98005
国家开发银行和政策性银行	18	912	18737
股份制商业银行	813	25357	52671
城市商业银行	425	11951	30584
城市信用社	—	—	—
小型农村金融机构	673	9224	9579
财务公司	75	5264	37316
信托公司	12	4098	1607
邮政储蓄银行	574	3360	3667
外资银行	115	4306	3783
新型农村金融机构	40	818	278
其他	18	4347	6271
合计	4560	122726	262498

注：大型商业银行指中国工商银行、中国农业银行、中国银行、中国建设银行和交通银行；股份制商业银行指招商银行、浦发银行、中信银行、光大银行、华夏银行、民生银行、广发银行、兴业银行、平安银行、浙商银行、恒丰银行、渤海银行；城市商业银行指北京银行等；小型农村金融机构指农村商业银行；新型农村金融机构包括村镇银行、贷款公司和农村资金互助社；"其他"包含金融租赁公司、汽车金融公司、货币经纪公司、消费金融公司等。
资料来源：《北京市金融运行报告（2020）》。

北京市银行类金融机构总体规模上涨明显,资产负债两项指标均有不同幅度的上升。2019年末资产总额达26.25万亿元,增幅为8.62%,负债总额为25.02万亿元,增幅为8.68%;但是从经营成果上看并不理想,全年利润总额为2589.2亿元,较上年同期下降9.9%。从具体的内部结构看,资产质量有小幅下降,2019年末,银行类金融机构不良贷款余额为564.0亿元,比上年增加245.0亿元,增幅为76.8%;从资产质量看,不良贷款率0.73%,和上年相比上升0.39个百分点,虽然不良贷款管理效果仍然较好,但相较上一年有所退步,不良贷款管理仍然不能松懈。

2. 人民币存款增幅较大,外币存款趋势平稳

北京市2019年各月本外币存贷款总额均较上年有较大幅度的增加,贷款额度的增幅尤其明显。截至2019年12月末,北京市银行类金融机构所有存款合计为17.1万亿元,较上年增长8.9%,11月末达到全年最高水平,为17.7亿元。

存款总额中,人民币存款仍然占据绝大部分,在12月末达到16.4万亿元;人民币存款全年大体上为高速增长态势,并于11月达到全年最高水平。外币存款在12月末达到962.24亿美元,较上年12月末有小幅度下降,全年各月外币存款余额不再是上年的先上升后下降的趋势,而是同本币一样呈整体上升趋势。

3. 人民币贷款保持较快增长,重点领域信贷支持持续加强

从本外币整体看,2019年12月末,北京市银行类金融机构贷款合计为7.7万亿元,较上年增长9%。贷款总额中,人民币贷款达到了7.4亿元人民币,增幅为10%;外币贷款余额472.99亿美元,比上年末减少69.07亿美元,但是2019年外币贷款余额仅在12月大幅度下降,其他月份基本与上年末水平持平。

4. 贷款市场报价利率(LPR)改革成效显著,人民币贷款利率显著下降

2019年8月,房贷利率挂钩这一政策的推行是我国利率市场化进程中具有里程碑意义的一步,在让贷款利率更加反映市场供求的同时,切实降低了企业和居民的借款成本。2019年1~11月,北京市银行类金融机构贷款利率明显下降,一般贷款加权平均利率保持在4.9%~5.2%,年底降至本

年低点4.59%。从不同主体看，小微企业贷款利率整体趋势下行，2019年末，普惠小微贷款加权平均利率降至5.88%。人民币活期存款、美元存款利率均略有下降，定期存款利率小幅上升。北京地区深入推动LPR改革，越来越多的贷款开始锚定LPR，贷款成本创新低。2019年北京市银行类金融机构人民币贷款各利率区间占比情况见表4。

表4　2019年北京市银行类金融机构人民币贷款各利率区间占比情况

单位：%

LPR改革前							
月份		1月	2月	3月	4月	5月	6月	7月
合计		100.0	100.0	100.0	100.0	100.0	100.0	100.0
下浮		49.3	52.3	47.1	49.1	51.7	52.8	54.6
基准		15.7	14.6	16.1	15.6	13.4	14.7	13.3
上浮	小计	35.0	33.0	36.9	35.3	34.9	32.5	32.2
	(1.0~1.1]	8.1	8.3	7.5	7.4	8.0	7.5	5.8
	(1.1~1.3]	10.2	8.1	11.7	10.3	9.7	10.1	9.6
	(1.3~1.5]	3.9	3.2	4.2	3.3	4.2	4.2	3.7
	(1.5~2.0]	9.0	9.2	9.8	10.2	9.0	7.4	9.4
	2.0以上	3.8	4.2	3.7	4.0	4.0	3.3	3.7

LPR改革后						
月份		8月	9月	10月	11月	12月
合计		100.0	100.0	100.0	100.0	100.0
LPR减点		46.4	45.9	47.2	51.5	60.0
LPR		0.4	0.5	1.0	1.6	1.2
LPR加点	小计	53.3	53.7	51.9	46.9	38.8
	(LPR,LPR+0.5%)	19.8	20.0	17.9	16.4	16.0
	[LPR+0.5%,LPR+1.5%)	15.5	16.6	15.5	12.9	10.9
	[LPR+1.5%,LPR+3%)	6.1	5.9	5.5	6.5	4.7
	[LPR+3%,LPR+5%)	7.1	6.7	8.0	6.6	4.6
	LPR+5%及以上	4.7	4.6	5.1	4.5	2.7

数据来源：中国人民银行营业管理部。

5. 国家重大战略支持力度加大，银行业服务实体能力进一步增强

2019年，北京市银行类金融机构继续在实体经济发展宏观战略上贡

献重要力量。第一，2019年，北京市主要中资银行继续为各大发展项目提供主要的资金支持，截至年末，京津冀协同发展项目借款余额为9949.7亿元，较上年有所下降，降幅为14.9%。第二，为市重点项目进行针对性融资，到2019年底支持北京市重点工程融资余额3059.6亿元，较上年约翻了一番。第三，继续增强对北京市"四个中心"战略定位的支持，对高新技术产业发放贷款增速有所提高，对文化创意产业新发放贷款大幅增加，同时助力高精尖产业。2019年12月末，北京市文化创意、高新技术产业贷款分别为1912.6亿元和4600.8亿元，增幅分别为6.6%和19.2%，对高新技术产业支持的力度提升明显。具体来看，电子信息领域增长26.1%，生物医药领域增长92.5%，增幅接近一倍，而航天航空领域增幅为10.9%。[1]第四，在支持市重点项目的同时，继续加大对小微企业的扶持力度，2019年底，该领域发放贷款余额达3935.3亿元，上浮三成。

6. 金融开放程度进一步加深，人民币跨境使用稳步发展

2019年，北京市人民币跨境结算2.7万亿元，较上年增幅超过20%，业务达18.4万笔。北京市人民币跨境结算始于2010年，建立该项业务的国家和地区达242个。2019年，北京市经常项目收付折合人民币7009.6亿元，资本与金融项目收付折合人民币19807.6亿元。北京市开展人民币跨境结算业务的企业达到120家，累计跨境收入3691.9亿元，跨境支出3251.1亿元；北京市人民币同业往来账户超过2000家，其中国家机构账户达917家，非居民机构账户达1142家。[2]

二 北京市证券期货类金融机构发展情况

2019年，北京市金融业继续在注重稳增长的基础上防风险，以开展金

---

[1] 2019年12月北京市货币信贷统计数据报告。
[2] 《北京市金融运行报告（2020）》。

融供给侧结构性改革为大背景,北京市证券业稳中向好,实现了健康发展,资产规模和成交量等指标均实现平稳增长。

1. 证券机构数量继续增长,企业上市资金更有保障

截至2019年末,北京市证券公司数量与上年相同,为18家,其中已上市的数量和上年持平,为4家(见表5)。证券营业部较上年大幅增加,达到544家;基金公司增加至34家,增加了15家,同时截至2019年9月末,管理基金数也增加了137只,达到1317只;期货公司数近三年均未发生变化,保持在19家,期货营业部稳定增长,2019年全年共增加了4家,达到112家(见表6)。证券期货类金融机构数量和业务量的增加,也相应带动了北京市企业的上市,2019年末,北京市上市企业数上升到346家,比上年增加30家,累计募集资金3861亿元,增幅达12.8%,2019年证券业对企业上市的推动力十分显著。

表5 截至2019年末北京市上市证券机构一览

证券代码	公司名称	成立日期	上市日期	证券类型	注册资本(亿元)
601198.SH	东兴证券	2008/5/28	2015/2/26	A股	27.6
03908.HK	中国国际金融股份有限公司	1995/7/31	2015/11/9	H股	16.6
601881.SH	中国银河证券	2007/1/26	2017/1/23	A股、普通股	101.4
601066.SH	中信建投证券	2005/11/2	2018/6/20	A股	76.5

资料来源:北京市证监局。

表6 北京市证券期货经营机构(2019年12月)

证券期货经营机构	数值
证券公司数(家)	18
证券营业部数(家)	544
基金公司数(家)	34
管理基金(只)	1317
期货公司数(家)	19
期货营业部数(家)	112

资料来源:北京市证监局。

2. 证券公司营业收入明显上升，期货公司资产稳步提升

2019 年，北京市证券、期货业呈蓬勃发展态势，全年证券公司收入共计 499.4 亿元，增幅达 32%；期货公司总资产规模达 782 亿元，增幅为 12%，净资本 153 亿元，同比增长 3.4%；客户保证金 606 亿元，同比增长 15%。另外，随着北京市基金管理公司的增多，2019 年公募基金产品管理量也由上年的 1166 只增加到 1390 只，基金资产净值合计 32027.9 亿元，同比增长 8.5%。

3. "新三板"挂牌公司更加注重质量，股权募集资金下降

北京市为贯彻中央经济工作会议精神，逐步推进新三板市场改革，提高资本市场服务中小企业效能，把挂牌公司辅导工作质量放在首位。2019 年 10 月 25 日，北京市新三板改革正式启动，精选层挂牌企业筛选工作开始推进，但总体数量呈现负增长。2019 年末，北京市新三板挂牌公司剩余 1190 家，同比下降 17.4%；总市值 5283.7 亿元，同比下降 12.9%。2019 年北京地区新三板挂牌公司共定向发行 79 家次，占全国总发行次数的 12.4%；募集资金达 40.99 亿元，较上年同期下降 50.6%，占全国募集规模的 15.5%，居全国第二位。

2019 年北京市挂牌公司遍布多个行业，占比最多的两个行业仍为信息传输、软件和信息技术服务业以及制造业，二者合计超过挂牌公司总量的一半，现代服务业挂牌公司数量占比较上年有较大幅度的提升。

三　北京市保险类金融机构发展情况

2019 年，北京市保险业实现了较快发展，继续以服务实体经济发展为目标，更加注重保险的风险分摊功能，实现保险业的健康发展。

1. 保费收入增幅明显，业务结构有所改善

如表 7 所示，2019 年保费收入和保费支出均较上年有所增加。2019 年全年保费收入为 2076 亿元，同比增幅达 15.8%。其中财产险收入为 454 亿元，同比增幅 7.3%，该项收入占全部保费收入的 21.9%，较上年下降 1.7

个百分点；人身险收入依然占据保费收入的绝大部分，金额达到1622亿元，增幅达18.4%，人身险中的寿险和健康险保费收入均有所增加，但是人身意外伤害险较上年减少了7亿元。2019年全年保费支出也有所增加，全年支出总计为719亿元，增幅为14.3%。其中财产险和人身险保费支出分别为269亿元和450亿元，占比分别为37.4%和62.6%，比上年分别增长9.3%和17.5%。

表7　2019年北京保险业经营情况

单位：亿元

项目	2019年	2018年
保费收入	2076	1793
1.财产险	454	423
2.人身险	1622	1370
（1）寿险	1163	990
（2）健康险	401	315
（3）人身意外伤害险	58	65
保费支出	719	629
1.财产险	269	246
2.人身险	450	383
（1）寿险	320	273
（2）健康险	115	94
（3）人身意外伤害险	15	16

数据来源：北京银保监局。

财产险内部结构依然较为单一，2019年财产险的59.0%为机动车辆险。从北京市车险理赔结果来看，平均结案期为10.6天，较上年下降2.1天，表明该行业服务效率有所提升。其中，5000元以下案件平均结案期为8.1天，较上年下降1.7天；同时，行业结案率为91.7%，理赔达成率为96.3%，服务质量较高，投诉率仅为0.025%。保险深度为5.9%，同比提高0.45个百分点；保险密度为9640.4元/人，同比提高16.3%，在全国范围内处于高水平。

2. 保险公司数量稳步增长，保险业秩序更加规范

2019年末，北京市保险公司数量和上年持平，依然为45家（见表8），其中人身险保险公司增加1家，达到31家；财产险公司减少1家，剩余14家。除保险公司外，北京市保险中介法人机构共392家。随着保险业监管力度的加大，北京市保险公司各项指标均向好：综合费用率由上年的40.3%下降到35.6%；除2家人身险公司外，北京地区法人保险公司偿付能力均满足监管要求。人身险公司退保率为5.6%，同比下降1.6个百分点，人身险保险产品服务质量有所上升。

表8 2019年北京市保险业基本情况

项目	数量
总部设在北京的保险公司数(家)	45
其中:财产险经营主体(家)	14
人身险经营主体(家)	31
保险公司分支机构(家)	112
其中:财产险公司分支机构(家)	49
人身险公司分支机构(家)	63

数据来源：北京银保监局。

3. 保险业服务覆盖面更广，保险功能有所加强

2019年，北京市保险业加大改革力度，推行多项服务试点，覆盖农业、工程、交通事故、家庭服务等多项内容。首先，农业保险全流程电子化，共提供保险67.3亿元；新增工程质量潜在缺陷险，全年共提供保障118.3亿元。其次，北京市在全国首推车险"互碰快赔"机制，加快交通事故处理速度，减少交通拥堵。另外，新保险试点涉及养老、家政、托幼等社区家庭服务。石景山区长期护理保险试点已覆盖30万人，有关老年人和失独家庭的保障项目服务次数达到231万人次。最后，2019年全年北京市保险机构投资市重点项目达1937.8亿元。

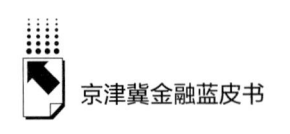

四 北京新兴金融机构发展情况

2019年,北京市大力发展金融科技,在全面推动传统金融发展的基础上,有重点地发展新兴金融产业,继续将北京金融科技与专业服务创新示范区(以下简称金科新区)建设成具有影响力的创新示范体系;资本市场多元化程度提高,小额贷款公司继续发挥"毛细血管作用",助力实体经济发展;互联网继续实现健康发展,互联网金融风险专项整治工作逐步展开,行业风险防控能力有所加强。

1. 着力建设金科新区,助推首都高质量发展

近两年,北京市大力将创新、科技和金融相结合,构建金融科技与专业服务创新示范区,以中关村大街沿线区域为核心区构建北京新的产业增长极——金科新区。北京市地方金融监督管理局领导表示,把金融科技的创新装进"沙盒"里,在守住创新底线的前提下,开放创新边界。"监管沙盒"的推出,让金融科技在安全可控的前提下,保持创新活力。在"建设方案"推出的同时,"金科十条"的出台,为进入该示范区的各类公司企业和中介机构提供了支持措施,内容涉及监管、成本、人力、创新、融资、楼宇以及环境等多个方面,来这里发展的企业机构不是独立的,而是合作共赢、开放互助的。在解决了以融资难为主的创新科技企业的发展难题后,这些企业便可以全身心投入创新发展。

金科新区对企业的支持不仅方位全,而且力度大。2019年7月1日,"金科十条"政策首次兑现,中国印刷有限公司便享受到了楼宇品质提升的支持,在官园批发市场升级项目上获批资金3000万元。

2. 小额贷款公司规模下降,但仍是常规金融机构的有效补充

近年来,国家在稳定"大象企业"发展的同时,越来越注重"蚂蚁企业"的活力,我国小额贷款公司的快速发展起步于2008年全国范围内开启的小额贷款公司试点,此后社会关注度持续上升。小额贷款公司手续简便,办事高效,支持范围除小微企业外,也涉及农户,有力地支持了农村经济发

展。从规模上看，2019年末，北京市小额贷款公司剩余105家，较上年同期减少27家；从业人员1083人，实收资本140.94亿元。

3. 互联网整治工作加强，风险成本降低

互联网金融风险日益暴露，对互联网金融的监管需求不断上升。金融风险主要来源于违约行为，而互联网金融更是如此。2019年9月2日，相关专项整治工作组发布通知，决定将征信系统连接到各个网贷机构，进一步规范P2P平台运营，使对网贷机构的监管逐渐向实体金融机构靠拢。2019年底，已有金融信用数据库、百姓征信等征信机构接入各大P2P平台。

2019年初，打击"恶意逃废债"也成为网贷机构整治主题之一。相关行业专家、学者展开多项讨论，建议对效益确实不好的机构实施良性退出机制。除了事后措施外，随着征信系统与互联网的结合，对各机构的事前审核也更加严格，各大平台的"逃废债"现象得到了极大的改善。2019年上报"逃废债"明细的平台机构为36家，涉及20多万项业务。

网贷之家数据显示，在平台清退大背景下，全国P2P网贷平台数量和贷款余额连续数月大幅下降。2019年底，北京市P2P网贷平台数量跌破百家，剩余94家，较上年底减少162家；P2P网贷余额为2709.02亿元，P2P市场整顿效果显著。但是，从全国范围来看，2019年底北京市网贷平台数量仍为全国最多，数量排第二的广东省有69家，排第三的上海市有28家。2020年是防范化解重大风险攻坚战的决胜之年，北京市继续加大网贷平台清退力度，对恶意"逃废债"等严重妨碍清退工作进展、危害投资者合法权益的行为，由公安机关追究刑事责任。2021年1月15日，央行副行长陈雨露表示，2020年全国P2P平台已全部清零。

B.3
2020~2021年北京金融市场运行报告

郭红 葛施浓*

摘　要： 金融市场是经济体平稳运行与发展的重要中介，运行良好的金融市场不仅能向社会提供经济活动信息，引导资金流向高质量项目，也能反映经济运行中出现的问题，对实体经济发展的支持作用十分显著。本报告分别从货币市场、股票市场、债券市场等多方面分析了北京市2019年各金融市场运行状况。总体来看，北京市2019年金融市场维持稳增长态势，业务量和资金周转额均有所上升，存贷款余额与投资规模均比上年同期有所上涨，资金供给和需求在稳增长状态下相互基本匹配，共同促进了实体经济的稳步发展。北京市信托业、融资租赁业等在经过了长期的发展后迎来了转型期，在更加注重发展质量和服务实体经济的今天，提高各金融市场服务质量、促进行业良性竞争是未来发展的关键。

关键词： 金融市场　货币市场　股票市场　债券市场

一　北京市货币市场发展状况

2019年，北京市货币市场继续保持良好运行态势，各类存贷款保持了

---

* 郭红，天津财经大学金融学院副教授、硕士生导师，研究方向：区域金融、宏观经济；葛施浓，天津财经大学金融学专业研究生，研究方向：国际金融。

一定的增幅。金融供给侧结构性改革使得各大银行开始关注贷款内部结构，2019年北京市中资银行重点贷款领域贷款额显著增长，高新技术产业人民币贷款余额增幅达到19.2%，文化及相关产业人民币贷款余额增幅达23.4%，小微企业贷款增长率达14.1%，普惠小微贷款增长率达到32.4%，超过全国平均水平6个百分点。2019年不良贷款余额为564.0亿元，同比增长76.8%；不良贷款率为0.73%，占比有所上升，比全国平均不良贷款率低1.08个百分点。总体来看，贷款中的多项内容已发生明显改善。

1. 各类存款情况

2019年，北京市存款总体规模持续上升。2019年12月末，北京市本外币存款余额合计为17.1万亿元（见图1），较上年末增加1.4万亿元，增幅达8.9%。

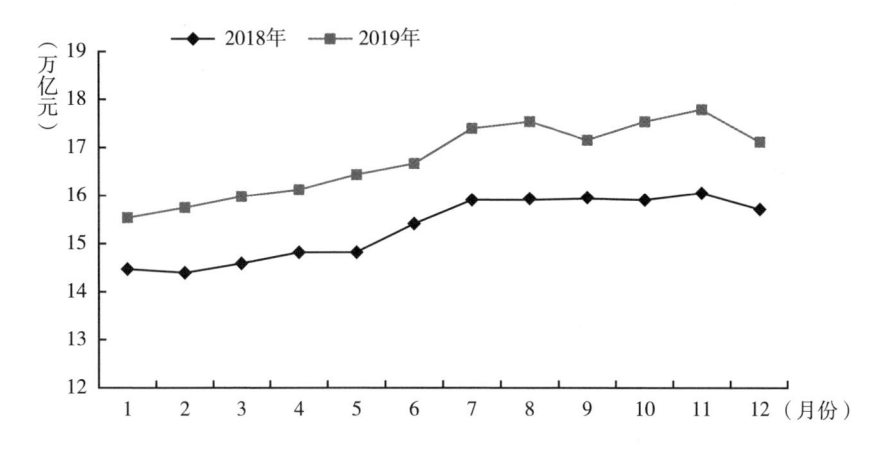

图1 北京市2018年、2019年1~12月存款余额

数据来源：中国人民银行营业管理部。

分本外币两个角度看，2019年两种货币存款在总量上都有所增加。

2019年12月末，人民币存款余额为16.4万亿元（见图2），较上年末增加1.4万亿元，增加额为近四年最高。其中，非金融企业和住户存款保持较快增长，二者也是人民币存款的主要部分。数据显示，2019年末，非金融企业存款余额同比增长6.8%，增加2870.9亿元，可以反映出

2019年，由于LPR改革的效果，北京市各非金融企业融资成本降低，获得了更多资金支持，经营效果较好，名义收入和利润有所上升。住户存款余额同比增长14.8%。受中美贸易摩擦及汇率变化的影响，外币存款基本保持不变。

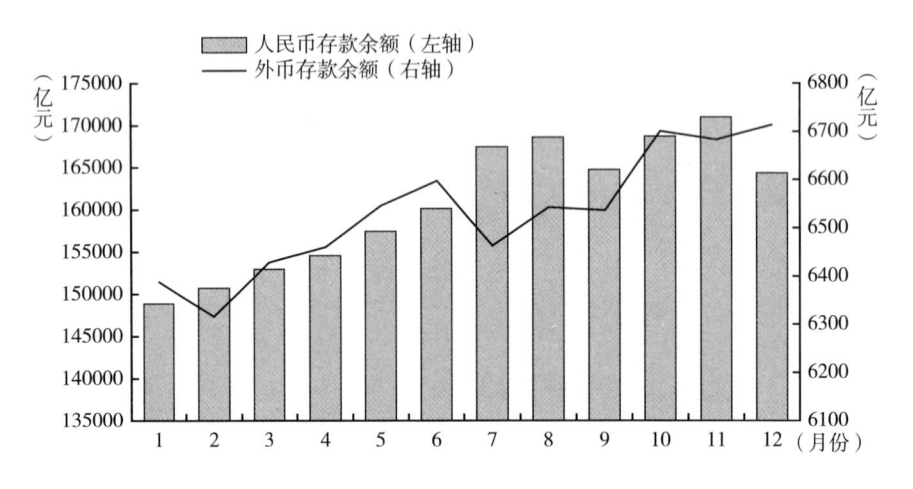

图2　2019年北京市各月本外币存款余额

数据来源：中国人民银行营业管理部。

2. 各类贷款情况

2019年，非金融企业贷款增幅依然较高，重点领域贷款增长幅度十分显著。2019年12月末，北京市金融机构人民币贷款余额为7.69万亿元（见图3），较上年末增加6392亿元，同比增长9.1%，增幅比上年大。

分本外币看，人民币贷款规模继续上升，而外币规模有所下降。2019年12月末，人民币贷款余额达到7.36万亿元（见图4），较上年末上涨10.2%；外币贷款余额为3299.64亿元，较上年末下降11.2%。

分不同主体看，非金融企业贷款余额较上年增长11.2%，达到5.33万亿元；人民币住户贷款余额同比增长7%，达到1.9万亿元。

2019年，北京市对重点领域经济发展给予了更多的支持。2019年末，北京市中资银行高新技术产业人民币贷款余额上浮19.2%，文化及相关产业人民币贷款余额上浮23.4%。全市金融机构全口径小微企业人民币贷款

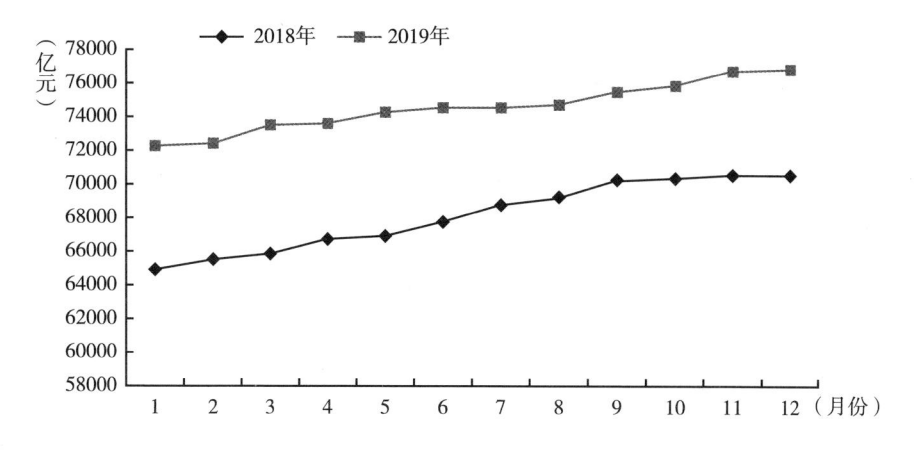

图 3　北京市 2018 年、2019 年 1~12 月贷款余额

数据来源：中国人民银行营业管理部。

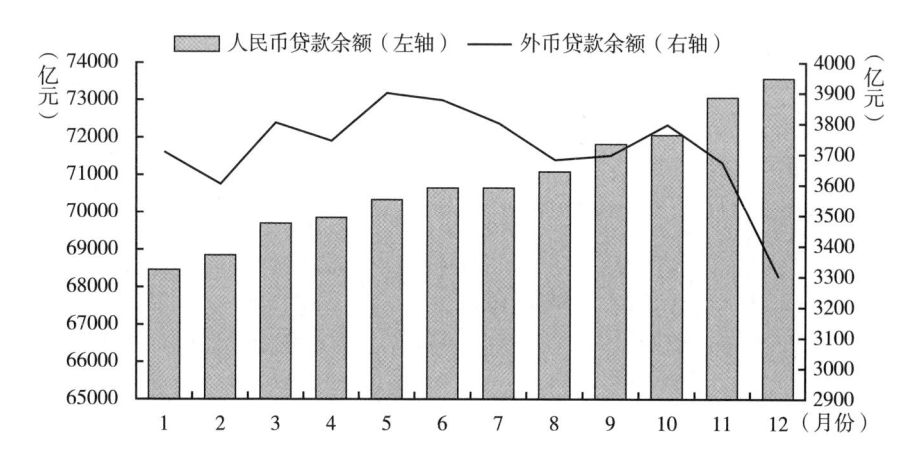

图 4　2019 年北京市各月本外币贷款余额

数据来源：中国人民银行营业管理部。

余额同比增长 14.1%；普惠小微人民币贷款余额同比增长 32.4%，比全国平均水平高 6 个百分点。北京市货币市场在推动实体经济总量稳增长的同时，良好地促进了地区各领域均衡发展。①

---

① 《北京市金融运行报告（2020）》。

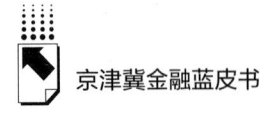

3. 同业拆借和现券买卖市场规模与占有率稳中有增

2019年，北京市同业拆借和现券买卖融入融出总计2084361.29亿元，较上年增长14.1%，增幅下降了55.4个百分点，这表明北京市金融机构的同业拆借和现券买卖业务趋于稳定。具体来看，2019年现券买卖融入融出总额达747612.71亿元（见表1），同业拆借融入融出总额达1336748.58亿元（见表2），虽然增速放缓，但二者均分别较上年有一定幅度的上涨。从市场占有率来看，北京市同业拆借占比相对较高，且融入融出金额相差较大，融出市场占有率较高。

表1　2019年北京市现券买卖情况

单位：亿元，%

月份	融入金额	市场占有率	融出金额	市场占有率
1月	25736.65	17.2580	25596.48	17.1640
2月	18900.47	17.4558	19859.51	18.3416
3月	27921.97	15.8908	28796.67	16.3886
4月	26284.21	14.9401	27646.85	15.7146
5月	29006.40	15.6423	29369.04	15.8379
6月	26054.10	16.7357	26554.11	17.0569
7月	33354.72	17.5149	33096.11	17.3791
8月	31688.70	15.8152	33777.41	16.8576
9月	30740.62	16.1188	31511.34	16.5229
10月	28542.27	16.9206	29983.25	17.7748
11月	40954.61	19.1639	42025.55	19.6650
12月	49723.18	22.2597	50488.49	22.6023
合计	368907.90	—	378704.81	—

数据来源：中国货币网。

表2　2019年北京市同业拆借情况

单位：亿元，%

月份	融入金额	市场占有率	融出金额	市场占有率
1月	50463.74	34.8908	77830.48	53.8123
2月	40275.61	35.1849	60781.95	53.0993
3月	54129.69	35.8718	77429.47	51.3126

续表

月份	融入金额	市场占有率	融出金额	市场占有率
4月	52673.86	34.8673	77266.45	51.1463
5月	54277.17	36.2970	76644.64	51.2549
6月	43919.23	35.4947	72117.18	58.2838
7月	52269.86	37.4254	81276.00	58.1939
8月	45366.52	39.3281	63487.90	55.0375
9月	34594.22	32.2665	54840.95	51.1509
10月	31706.74	33.2910	50599.17	53.1273
11月	34796.58	31.2879	60015.38	53.9638
12月	34433.67	30.3791	55552.12	49.0109
合计	528906.89	—	807841.69	—

数据来源：中国货币网。

2019年，中央银行继续合理使用货币政策工具，引导货币市场利率合理化，北京市同业拆借、质押式回购的成交金额均居全国第一，领先优势明显（见图5）。

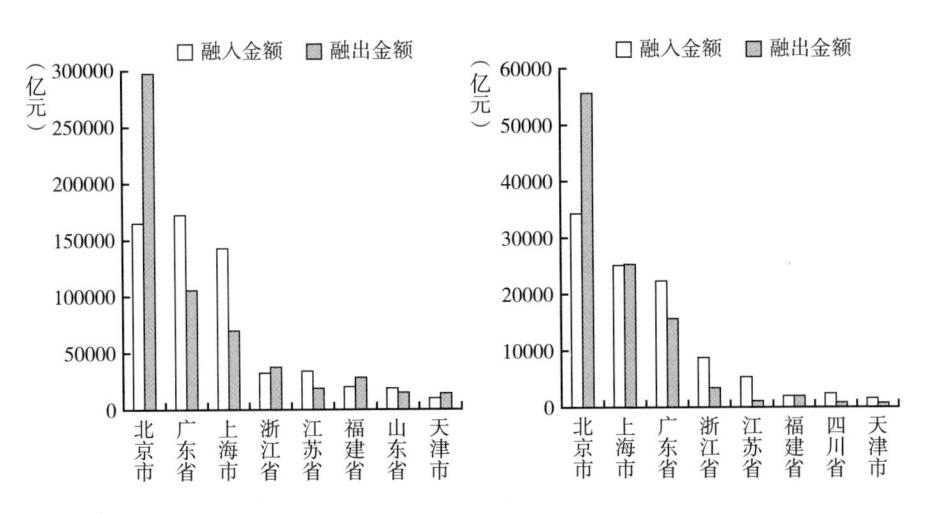

图5 2019年12月我国质押式回购（左）、同业拆借（右）成交额前八位省市

数据来源：中国货币网。

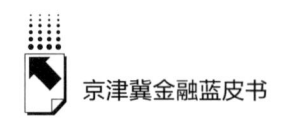

二 北京市股票市场发展状况

截至2019年12月末,北京市上市公司数量为346家(见表3),比上年增加30家,所有上市公司市值总额为139278.59亿元,同比增长20.2%;上市公司2019年累计募集资金3861亿元,同比增长12.8%,涨幅明显。

表3 2019年北京辖内上市公司数量

单位:家

年份	上市公司数	年份	上市公司数
2011	194	2016	281
2012	217	2017	306
2013	219	2018	316
2013	235	2019	346
2015	264		

数据来源:北京市证监局。

整体来看,上市公司行业结构比较合理,制造业占比进一步加大,达到32%,同比上浮3.1个百分点,是北京市上市公司数唯一超过100家的行业;占比紧随其后的是信息传输、软件和信息技术服务业,达到了21%(见图6),较上年上升5.2个百分点。这两个行业上市公司数量占北京所有上市公司数量的比重过半,达到53%。

股票市场中,新三板的建立为各大非上市公司,尤其是中小非上市公司提供了交易平台,北京市新三板市场在2019年进行了改革,2019年底,新三板挂牌公司数减少至1190家,同比下降17.4%;挂牌公司总市值为5283.7亿元,同比下降12.9%;2019年北京市新三板挂牌公司共定向发行79家次。从总量上看,北京市挂牌公司净摘牌量达到250家。

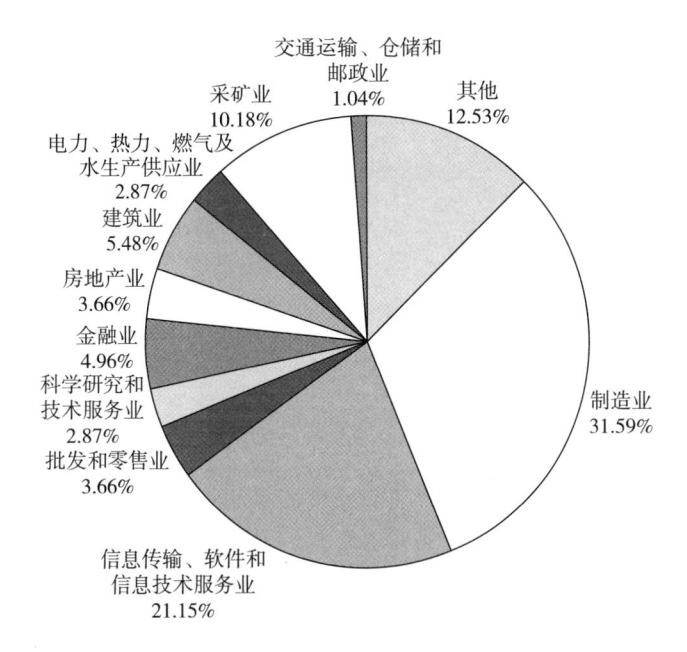

图 6　2019 年北京市上市公司行业分布情况

资料来源：Wind 数据库。

三　北京市债券市场发展状况

随着我国改革开放在各领域的深入，债券市场也积极和"走出去"战略进行结合。2019 年，我国债券市场开始越来越多地纳入外资，大大扩展了债务融资的来源，为我国经济发展注入更多活力。2019 年年中，将近 1800 家外资企业和机构团体参与银行间债券市场交易，对外发放债券余额达 2 万亿元人民币。

从净额来看，2019 年上半年，各大境外投资机构买入债券净额超过 5000 亿元人民币，和去年同期相比增长一成。同时，跨境资本的流动稳定性较好，该时期内无异常情况出现。

从品种来看，外资企业投资债券的多元化程度有所提高，这表明我国债券市场的发展与金融产品的创新取得了一定成效。2019 年末，北京市地方

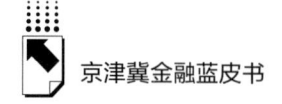

政府债券余额为4959.4亿元，负债率14%，较上一年提升1个百分点。其中，一般债务余额为2113.5亿元，专项债务余额为2845.9亿元。北京市全年共发行债券1401.5亿元，较上年增加756.6亿元。值得注意的是，这些债券发行的方式均为公开方式，这表明我国债券竞争力增强，发行市场机制进一步完善，发行效率进一步提高。

四 北京市私募股权投资市场发展状况

私募股权与创投基金是我国经济发展的新动力，随着我国更加注重经济发展的质量与均衡，对非上市公司的支持力度也在提高。2019年10月，证监会召开相关会议，明确要大力发展私募股权投资，为更多私有公司的发展注入活力。

私募资金方面，2019年北京共募集资金1653.9亿元，较上年增长263%，占全国的比重为15.1%，募资金额涨幅如此之高，主要是因为2019年国资背景基金进行了集中募集；截至2019年9月底，北京共有私募基金管理人4364家，占全行业的比重为17.91%，管理基金13767只，占全行业的比重为17.38%，管理规模3.14万亿元，占全行业的比重为23.47%，管理规模十分庞大。股权投资方面，2019年北京市股权投资市场共产生投资案例1998起，同比下降30.5%，投资金额为1857.94亿元，同比下降42.5%，平均投资额为1.14亿元。虽然北京投资活跃度有所下降，但仍居全国首位。股权投资退出方面，2019年北京市股权投资市场共发生570笔退出事件，同比下降2.7%。

2019年，北京市私募股权和创业投资案例数为607起，与上年相比下降52.62%，披露的投资案例数为392起，与上年相比下降53.22%；投资金额为2545.88亿元，投资案例数和被投金额降幅较大，但仍居全国前列。

北京股权投资基金协会等机构联合发布的PE指数显示，2019年上半年北京PE指数为112.32（见图7），比上年同期下浮1.53%。2019年下半年，PE指数为115.40，受到大额基金募集的影响，募集资金市场整体指标向好,但中小基金募集难的问题依然存在。从投资指标略下降,私募股权和创投案例减少可以看出,募集端大多数基金募集难,投资端避险情绪上升,私募基金市场表现不好。

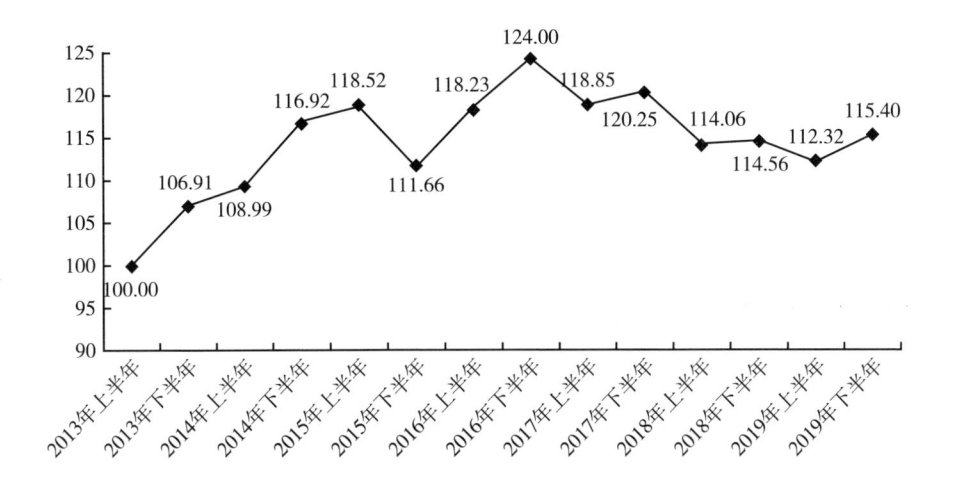

图 7 2013~2019 年北京 PE 指数

数据来源:北京市地方金融监督管理局。

五 北京市信托市场发展状况

截至 2019 年底,北京市信托公司数量为 11 家(见表 4),和上一年相同,占全国信托公司总数的 16.17%,稳居国内首位,信托机构数量排名第二的上海市为 7 家。

近年来,北京市辖内信托公司个人信托贷款业务快速发展,一定程度上弥补了个人贷款金融服务供给不足问题,满足了部分金融消费者的合理需求。但近年来信托业问题越来越多,如相关业务在审批、协议签订、放款、收费等多个环节仍普遍存在薄弱之处,金融消费者权益保护不够,对金融机构声誉产生较大负面影响。

表4 2019年北京市信托公司一览

公司名称	成立日期	注册资本（亿元）	公司背景	是否上市
中信信托	1988年3月	112.76	金融机构背景	否
民生信托	1994年10月	70	民企背景	否
外贸信托	1987年9月	80	央企背景	否
中诚信托	1995年11月	24.57	央企背景	否
北京信托	1984年10月	22	地方政府背景	否
国投泰康信托	1986年6月	21.91	央企背景	否
英大信托	1987年3月	40.29	央企背景	否
华鑫信托	1984年6月	58.25	央企背景	否
中粮信托	2009年7月	28.3	央企背景	否
金谷信托	1993年4月	22	金融机构背景	否
国民信托	1987年1月	10	民企背景	否

资料来源：中国信托网。

为进一步规范信托公司个人信托贷款业务，北京市银保监局于2019年11月向银行类金融机构发布业务规范通知，在金融供给侧结构性改革的推动下，信托业亟待转型，注重"受人之托，代人理财"的基本功能，以市场为依托，以创新为动力，开发新产品，满足日益强劲的个性化金融需求。

六 北京市融资租赁市场发展状况

2019年北京市租赁业规模增长明显，主要来源于外资租赁企业。2019年12月末，北京市融资租赁企业共216家，较上年减少11家，注册资本为742.17亿元。

从全国范围内看，2019年北京市租赁公司上榜前50强的数量由上年的5家上升至7家，截至2019年末，北京市建信金融租赁有限公司注册资本额位居第一（见表5）。

表5 2019年北京市融资租赁企业十强一览

单位：亿元

排名	企业名称	注册年份	注册资本
1	建信金融租赁有限公司	2007	80.00
2	中国环球租赁有限公司	1984	56.50
3	中国外贸金融租赁有限公司	1985	51.66
4	中银鼎盛融资租赁有限公司	2013	50.00
5	丰汇租赁有限公司	2009	40.00
6	中车投资租赁有限公司	1999	33.00
7	北银金融租赁有限公司	2014	31.00
8	中建投租赁股份有限公司	1989	26.68
9	中国康富国际租赁股份有限公司	1988	24.98
10	北京市文化科技融资租赁股份有限公司	2014	21.90

资料来源：中国融资租赁信息网。

作为金融资本和实体产业的"融合剂"，北京市融资租赁行业在服务实体经济、助力中小企业融资方面发挥了重要作用。2019年，北京市融资租赁企业继续保持快速发展，产品多元化、融资渠道多元化发展程度提高，融资结构趋于合理，更好地发挥了融资租赁的优势。但是从未来发展看，融资租赁行业已进入竞争分化、转型发展的新阶段。由2019年北京市多家租赁公司披露的报表可知，既有营收持续向好、综合实力依旧强劲的头部企业，也有业务锐减、营收下滑的部分中小型租赁公司，行业分化趋势明显。为减少激烈竞争带来的金融风险，租赁公司的业务转型是关键，进一步回归租赁本源，切实加强对实体经济的支持力度是未来的转型方向。

七 北京市股权交易市场（四板市场）发展状况

北京市股权交易市场于2013年12月28日正式启动，是鼓励企业自主创新的一大创举。截至2019年12月末，北京市股权交易市场累计挂牌展示企业已经从最初的50家增加到5149家，累计融资额355.71亿元，较上年增长了140%，增幅较大。

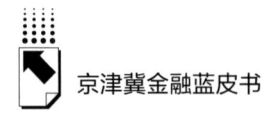

区域性股权交易市场是多层次资本市场的重要组成部分，对于北京市内大量以非公开发行方式融资的中小企业发展具有深远影响。从服务实体经济的原则出发，推进北京市股权交易市场改革，将其作为扶持中小微企业的重要补充，形成与主板、中小板、创业板、新三板联动发展的格局，更好地发挥好多层次资本市场服务供给侧结构性改革的重要作用，是北京市股权交易市场的发展方向。

B.4
2020~2021年北京金融改革创新报告

郭 红 葛施浓 姜日宏*

摘　要： 2019年，北京市金融业整体继续以经济脱虚向实为目标，在不放松追求总量的同时，对经济质量的关注度不断提高。金融供给侧结构性改革的提出，要求从创新、创造等多个方面完善金融服务体系，在保证大企业持续发展的同时，为中小企业、农村机构等重点发展领域注入更多活力。此外，保证经济健康发展也是一个不断"纠错"的过程，2019年，北京市金融业有效结合综合统计、信息征信系统，健全惩戒机制和退出机制，对一些发展"过快"的领域进行整顿，取得了一定的成效。此外，随着大数据的普及，实时监管线上资金流，规范支付结算行为，对各种违约、违规行为进行打击，大大减少了互联网金融风险。未来北京市金融业将继续走出国门，在供给方面做到多层次、广覆盖，在证券、保险、基金等各领域向国内外机构投资者与个人提供资金渠道，引导资金流向拥有高质量项目的中小企业和新兴产业，以实现金融业对实体经济的全方位支持。

关键词： 金融改革　实体经济　金融创新　金融开放

---

* 郭红，天津财经大学金融学院副教授、硕士生导师，研究方向：区域金融、宏观经济；葛施浓，天津财经大学金融学专业研究生，研究方向：国际金融；姜日宏，天津财经大学金融学专业研究生，研究方向：国际金融。

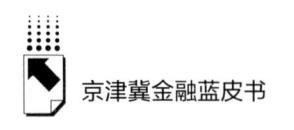

一　2019年北京市金融改革创新主要成就

（一）传统金融机构改革效果显著

1. 银行业务稳健，资产质量普遍提高

中小银行风险承担能力低，在日益复杂的经济环境下渐渐暴露出问题。北京市银行业更加重视整体的资产结构，增加资产证券化等低风险金融资产，降低不良贷款占比，使资产负债期限更加匹配。监管部门在制定更加严格的监管规则的同时，执行更加具有灵活性，在追求内部结构优化的同时保持总收入的稳定。

在商业银行中，城商行与农商行发展速度较快。常熟农商行、成都银行和青岛农商行的净利润增速居前三位，分别为20.66%、19.40%和16.78%。上两类银行业务主要面向地方小微企业、城乡居民企业，符合近年来经济发展重点，顺应经济转型需求，而且其机构多处于经济发展状况较好的地区，系统性风险较低。

股份制商业银行稳中有增，各项指标没有大起大落的情况。最有代表性的三大股份制商业银行为兴业银行、中信银行、光大银行，2019年分别创收1813.19亿元、1875.84亿元、1328.12亿元，同比增长率分别为14.55%、13.79%、20.47%；盈利分别为658.68亿元、480.15亿元、451.63亿元，同比增长率分别为8.66%、7.87%、10.55%。其中，光大银行虽然收入与利润总额最低，但增速最高。

各上市银行在业绩上升的同时，资产结构也持续优化，2019年不良贷款率整体较上一年有所降低。兴业银行、成都银行、平安银行、常熟银行及中信银行不良贷款率分别较2018年末下降0.03个、0.11个、0.10个、0.03个、0.12个百分点。虽然上海银行2019年末不良贷款率较2018年末上升0.02个百分点，但较2019年第三季度末下降0.01个百分点，且在上市银行中处于较低水平。

2. 保险业实现创新发展，市场准入改革见成效

近年来，北京市保险业发挥保险作用的效果不够理想，中介市场乱象大量存在，业绩高速增长的背后蕴含着保险业转型的需求。2019年，人身险收入依然占据保险总收入的绝大部分，且其增长率超过总收入增长率。北京市针对这一现象，出台中短存续期产品、完善人身保险产品精算制度、强化人身保险产品监管等多项规定，加大对违法违规行为的惩罚力度。

在车险理赔方面，2019年12月北京市实施"互碰快赔"政策，针对交通事故发生后的定责、定损过程进行了简化，不仅有效缓解了由交通事故引起的拥堵状况，也大大减少了当事人办理保险赔付的时间，多方面提升了车险的服务效率。据统计，2019年，北京市车险理赔总的平均结案期为10.6天，较上年下降2.1天，该行业服务效率有所提升。其中，5000元以下案件平均结案期为8.1天，较上年下降1.7天；另外，行业结案率为91.7%，理赔达成率为96.3%，服务质量较高，投诉率仅为0.025%。

针对保险公司的乱象，北京市保险业在市场准入与退出机制上也进行了改革，推行备案制，即事后审查材料的真实性、完整性、合规性等。监管方向并不是简单地向"严"的方向发展，而是在更多地明确主体责任的同时，取消事前审批的烦琐手续，尽量简化程序，充分利用市场对行业的调控能力，减少监管对运行效率的影响。同时，加大惩罚力度，让保险机构主体自己形成较强的合法意识，提高其自我检查能力，强化主体责任。

（二）新兴金融机构创新发展，金融市场多元化程度提高

1. 融资与担保业务活力增强，中小企业融资渠道更广

为降低金融风险，政策性担保机构成为中小企业担保的主体，相比于民营担保，不以营利为目的、有政府支持的政策性担保更能有效地发挥担保作用，在帮助中小企业融资的同时，减少违约行为给银行带来的损失，使银行类金融机构贷款积极性提高。2019年12月末，北京市融资担保机

构中，民营和小微企业融资性担保在保金额746.45亿元，在保户数219062户，其中小微企业在保余额521.05亿元，小微企业在保户数127360户；涉农在保余额60.52亿元，涉农在保户数4152户；文创在保余额121.51亿元，文创在保户数1343户；科技在保余额353.77亿元，科技在保户数3720户；银行参与了677户担保贷款的分险，分险担保贷款金额为10.23亿元。小微、"三农"、高科技及文创企业的在保余额和户数占比不断提高，融资担保机构对符合北京城市功能定位企业的支持力度不断加大。

2019年4月，北京市成立融资担保基金，通过天使投资、投贷联动、知识产权质押贷款等多种方式，来完善对科技型、创新型企业的金融服务。首期出资20亿元，初步达成在市级融资担保基金下设立市融资担保集团和北京中关村科技融资担保有限公司（简称中关村担保）两个平台的目标。截至年末，基金规模已达100亿元。基金的推行为北京市融资担保提供了活力源泉，为中小企业、科创企业的起步与发展提供了保障。

2019年北京市地方金融监督管理局推动中关村担保开发"创业保"产品，为初创企业打通债务融资通道，帮助企业建立"首贷记录"。北京首创融资担保有限公司（简称首创担保）积极探索银担合作的全新模式，与中国工商银行基于大数据技术合作开发"银担E保通"产品，截至2020年4月，共为545户企业提供5.71亿元融资担保。推动北京中小企业信用再担保有限公司及北京国华文科融资担保有限公司加大创新业务推动力度，"创业贷""双创贷""节能贷""原创贷"等专项科技型小微担保业务稳定发展，行业引领作用持续增强，截至2020年4月，共为409户高新技术企业提供12.65亿元融资担保。北京再担保联合国华担保公司与阿里巴巴文化娱乐集团、华夏电影、爱奇艺、大麦网等多家文创产业核心企业及北京银行等金融机构合作，推出了"演出贷""宣发贷"等多项文创担保专项产品，共为263户文创企业提供了10.96亿元融资担保。文化担保推出"票房宝"产品，自2019年9月上线以来，已为《我们都要好好的》《长安十二时辰》等12部影视作品提供了8350万元融资。北京石创同盛融资担保有限公司与中关村企业家顾问委员会对接，制定"高端领军人才"项目专项担保方案，服务科技企业50家。北京亦庄国际融资担保有限公司与开发区高层次人才服务中心签订战略合作协议，推出"亦麒麟"产品，截至2020年4月，已为19个项目提供超过9000万元融资担保。北京海淀科技企业融资担保有限公司与银行共同推出的"见贷即保"产品，截至2020年4月，累计为584户科技企业提供14亿元融资担保。

2. 大力发展金融科技，金科新区推动首都经济高质量发展

在中国人民银行的支持下，北京市持续进行金融科技创新监管试验，这表明我国在构建金融科技监管基本规则方面迈出了重要的一步。2019年12月，中国人民银行与北京市地方金融监督管理局等相关机构举办监管试点启动仪式，主体范围延伸到全国性商业银行、股份制商业银行、城市商业银行以及各种支付结算机构。紧紧围绕大力提高中小企业资金可获得性这一金融科技发展的初衷，将金融服务下放到民间，让更多居民与企业真正享受金融创新与发展的成果。

2019年1月，国务院提出，国家级金融科技示范区建设是服务业扩大开放领域的重要一步。2019年5月29日至30日，以"深化金融供给侧结构性改革，推动经济高质量发展"为主题的金融街论坛年会在北京举行，标志着北京金融科技与专业服务创新示范区（简称金科新区）建设正式纳入国家战略。金科新区核心区将重点布局监管科技、金融科技、风险管理、金融安全和支撑金融科技的创新型专业服务，德胜和广安地区将主要承接金融科技的创新业态和创新平台，为核心区建设提供空间和产业结构支撑。自2018年5月"金科新区"成立至今，新落户西城区的重点企业30多家，注册资本金超过700亿元。

3. 5G与金融产业融合发展，全面引领北京新兴产业

近两年来，5G一词逐渐被人们所熟知，互联网的发展不是独立的，它对金融发展与创新有着不可估量的作用。2019年，北京市亮相了首个5G无人银行，除了生活缴费等线上App可以实现的功能外，用户可以查询住房指数并预约看房；通过普惠金融菜单可以了解小微快贷、个人快贷等普惠金

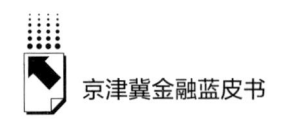

融产品和办理相关业务，真正实现远程金融服务。

5G技术的发展不仅是电信业迈向新的发展阶段的标志，也是各行各业催生创新的一大动力。随着金融互联网化，社区金融与小微金融双双成为热门词，很多互联网公司开始抢占支付市场，传统银行机构也在推行网点转型。2019年4月18日的"北京5G产业与金融发展论坛"标志着5G技术和金融业的对接正式开始。2019年下半年，5G技术开始商用化，这将推动新技术在金融领域的辅助作用，大幅提高服务效率，并推动各种新金融业态趋于成熟。

4. 完善投融资环境，推进"畅融工程"

"畅融工程"是北京市金融监督管理局围绕优化金融供给、推动金融服务脱虚向实而制定的专项行动计划，旨在搭建企业、金融机构和政府部门之间的常态化对接机制，建立企业数据库，减少信息不对称。"畅融工程"立足北京市"四个中心"战略定位，突出首都"高精尖"产业特色，聚焦中小企业、科技型企业、文化企业、外向型企业及民营、小微企业，定期开展融资对接活动，并持续对企业获得融资情况进行跟踪评估，找准融资痛点，找到融资不畅症结，不断完善相关政策。

北京市"畅融工程"的提出切实将服务群体落实到民营、科创等小微企业，在金融机构与企业之间建起了一座信息之桥，活动覆盖科技创新、文化创意、5G、绿色金融、新一代信息技术、新能源、生物技术和大健康、机器人和装备制造等重点领域，通过开展分层次、差异化、专业性的对接活动，不断探索效果评价机制，强化微信直联技术建设，提升线上线下综合服务能力，切实提高金融服务效率和水平，推动北京"畅融工程"常态化、专业化、品牌化，打造北京市融资服务硬标签。

（三）持续推进金融供给侧结构性改革

1. 以金融供给侧结构性改革为主线，推进财富管理市场改革发展

金融供给侧结构性改革是2019年金融业发展的一大新战略，在2019年7月的"青岛·中国财富论坛"上，金融供给侧结构性改革被提出要应用到

财务管理市场。2019年，北京市加快推进多层次金融市场体系建设，提高直接融资占比，鼓励总量大、期限长的企业年金和商业养老保险等财富管理业务发展。同时，鼓励风险投资、私募股权等财富管理投资形式规范发展，更好地支持高新技术企业的发展。同时，北京市商业银行规范发展理财产品，稳妥设立理财子公司，建立健全私人银行专营机构，不断提升财富管理专业化水平。非银行类金融机构注重资产管理业务的差异化，加快向现代资产管理业务转型的步伐。

2. 持续改善信贷营商环境

本着"能减尽减"的原则，北京市金融业致力于为居民、企业降低金融活动成本。北京市金融机构各项服务费用适当下调，银行业贷款利率与担保业担保费率均有所降低，2019年小微企业综合融资成本较上一年下降约0.9个百分点。2019年，五大行发挥其行业"头雁"作用，年末普惠型小微企业贷款余额较年初增长幅度超过30%。

除了为小微企业提供更多融资渠道外，对小微企业的容错机制也同步优化，具体表现为小微企业不良贷款率标准适度上升，减少对相关负责人、从业人员的追责，给予其一定数量和期限上的宽限度；对于虽然评估风险较高，但相关机构正在进行风险分散处理工作的普惠型小微企业，贷款不良容忍度可在"不高于各项贷款不良率3个百分点"的基础上适当放宽。

3. 保险业迈出改革新步伐

2018～2019年，北京市银保监会连续出台27项措施，取消了外资机构持股限制以及资产、期限要求等，放宽外国保险集团在境内设立保险机构的条件，全方位提高对境外投资机构的吸引力；同时引导境外金融机构参与银行、保险以及中小机构改制重组，包括并购、合并等。

为了保险业更好地发展，除了注重其保险功能外，也要注重保险公司的投资者角色。2019年，北京市银保监局出台允许保险公司投资科创板公司、持有优质上市公司股份等政策，激发其活力；另外，允许保险资产管理公司设立专项产品。2019年北京市经济金融发展大事记见表1。

表1　2019年北京市经济金融发展大事记

时间	事件概述
1月31日	国务院批复《全面推进北京市服务业扩大开放综合试点工作方案》。
3月29日	北京市首次通过商业银行柜台发行地方政府债券20亿元。
4月28日	北京市正式启动动产担保统一登记系统试点并全面取消企业银行账户许可。
5月28日	中国人民银行营业管理部举办"全面深化北京民营和小微企业金融服务推进会"暨专题展，发布《全面深化北京民营和小微企业金融服务行动方案（2019~2020年）》，举行"京创通"科创型民营和小微企业专项再贴现支持工具合作意向书》签字仪式。
7月11日	中国人民银行营业管理部在北京地区启动企业征信服务创新试点，在营业管理部服务大厅布设第一台企业信用报告自主查询机。
8月22日	全国首家小微企业"续贷中心"落户北京。
11月15日	中国人民银行营业管理部、中国银行保险监督管理委员会北京监管局、中国证券监督管理委员会北京监管局、北京市地方金融监督管理局、北京经济技术开发区管理委员会联合发布《金融支持北京市制造业高质量发展的指导意见》。
12月23日	中国人民银行营业管理部会同相关部门组织召开北京市金融科技创新监管试点工作启动会。

资料来源：中国人民银行营业管理部。

二　北京市金融改革创新前景

2020年初，新冠肺炎疫情使世界经济处于下降阶段，虽然我国及时控制了疫情并恢复了国内生产，但全球整体经济不景气依然对我国金融业发展造成了极大的阻碍。因此，要牢牢把握金融服务实体的初衷，注重金融供给侧结构性改革，提高防范化解风险能力，大力推动金融创新，让金融帮助更多主体渡过难关。

2020年5月，"国内大循环"与"国内国际双循环"成为未来经济发展的战略任务，以"双循环"推动金融改革，引导金融开放，化解金融风险。"内循环"方面，在积极推进需求、供给侧结构性改革的基础上，大力扶持领头羊企业，使其带动国内经济发展，缓解疫情下中小企业生存难题。同时，顺应这一趋势，稳步推进"双循环"，提高对外开放水平，为金融市场创造新的机遇，吸引更多的跨境资本稳步流入国内，充分利用国际市场，打开新发展格局。

（一）深化利率市场化改革

利率是对金融资产价格的衡量，也是各大金融市场内的经济活动参与者收益与成本的重要参考。利率市场化一直是我国金融改革的一个重要目标。中国人民银行分别于 2013 年 7 月和 2015 年 10 月放开贷款和存款利率管制，利率市场化改革取得重大突破。2019 年实行贷款市场报价利率（LPR）后，更加健全了利率市场化机制，利率更好地向实体经济传导货币政策效果，切实降低了客户贷款成本。

2020 年 3 月 1 日启动存量浮动利率贷款定价基准转换工作后，进一步疏通了货币政策传导机制，打破贷款利率隐性下限，引导利率下行，减轻企业和居民利息负担。2020 年 3 月，企业贷款平均利率为 4.82%，较改革前的 2019 年 7 月下降 0.5 个百分点。

（二）有重点地推进金融改革和对外开放

2020 年上海国际金融中心基本建成，其与长三角地区共同被央行、上海银保监局和上海市政府列为金融开放的首要战略点。交通银行上海市分行、浦发银行上海市分行等联合长三角其他分行，相继落地了一批联合授信贷款项目，通过信贷资源跨省流动机制建设，将长三角一体化、高质量金融服务从设想变为现实。2020 年上半年，北京市银行机构对长三角地区的贷款余额达 900 亿元，保险机构通过承保大型商业风险和统括保单方式实现跨区域保障，为长三角地区提供风险保障 2.06 万亿元。

2020 年 5 月，北京市相关机构针对证券期货业提出简化境外投资者资金的要求，对 QFII 和 RQFII 的投资额度限制也一并取消，为境外投资者参与我国金融市场提供便利。

（三）持续推进防范化解重大金融风险攻坚战

防范化解重大风险是党的十九大确定的三大攻坚战之一，是 2020 年决胜全面建成小康社会的重大举措。中国人民银行持续推进重点金融领域的防范风险举措，加快相关制度完善。2020年3月5日，中国人民银行、财政部、中国银保监会等部门联合推出金融运行相关硬件与制度安排的监管标准，涉及资产登记托管、清算结算、交易设施、基础征信等多个方面，形成布局合理、治理有效、富有弹性的金融基础设施体系，使我国金融业防范风险能力大大加强。

2019年，中国银保监会监管的重点主要包括各类高风险金融机构，特别是重点金融控股集团；影子银行风险，防止资金脱实向虚；非法金融机构及活动。此外，建立了房地产市场监管体系，从银行、保险机构和政府隐性债等方面间接把控相关风险，及早发现、及早化解。

除了高风险机构、影子银行、违规搭建金融集团等外，金融科技同样是金融风险容易集聚的领域。金融科技近年来发展十分迅速，大大提高了金融的服务范围与覆盖深度，提高金融体系运行效率，但同时暴露出许多监管问题。有的金融科技公司前身是网贷平台，打着金融科技的旗号进行虚构的交易，并由此虚增利润，骗取客户贷款，事后运用不当方式进行催收，严重危害社会秩序；或者通过盗取并买卖客户信息获取非法利润。

（四）进一步加强国际金融合作

2020年，面对复杂的疫情和多变的全球经济社会关系，我国提出"双循环"发展格局，大力倡导国际社会共同构建世界经济，实行各国金融的跨国合作与风险防范，在合作中不断探讨金融治理的新思路，借此帮助世界各国实现经济复苏。我国坚决反对保护主义、单边主义，虽然新冠肺炎疫情的发生使得经济全球化的弊端放大，但是经济全球化是大势所趋，应充分发挥各国优势，积极推行疫情常态化背景下的经济恢复与重建，促进金融与实体经济双向选择、融合发展，推动实体经济形成更多创新、创造、创意，以便更好地适应市场发展。

新冠肺炎疫情发生后，中国人民银行多次在国际上主动发声，及时回应国际问题，引发国际关注。2020年3月，"一带一路"银行间常态化合作机制（首届"一带一路"国际合作高峰论坛上成立的国际多边金融合作平台，成员包括来自51个国家和地区的94家金融机构）发出倡议，对我国对抗疫情的努力给予高度肯定；在多个国际会议上，我国向全球主要经济体通报我国金融机构体系支持防疫工作情况，为多个国家，尤其是金融体系高度发达的国家提供了重要的借鉴，增强了国际经济发展的信心。

参考文献

［1］苏昱冰：《供给侧结构性改革的金融支持研究》，博士学位论文，天津财经大学，2018。

［2］陈彦达、王玉凤、张强：《我国金融科技监管挑战及应对》，《金融理论与实践》2020年第1期。

天津金融发展篇

Development of Tianjin Financial Industries

B.5 2020~2021年天津金融机构发展报告

王璟怡　王　博*

摘　要： 2019年，天津市坚持以习近平新时代中国特色社会主义思想为指导，深入贯彻落实"三个着力"重要要求和一系列重要指示批示精神，紧扣高质量发展要求，经济金融运行总体保持稳定，金融机构稳步发展，金融服务水平持续提升。2019年，天津市银行业总体运行稳健，金融机构存贷款余额保持平稳，贷款利率有所下降；证券业向好发展，证券公司资产规模有所提升，上市公司总股本持续增加；保险业经营主体总体稳定，资产规模有所回升，保费收入稳步增长；互联网金融和融资租赁业创新发展，行业新动能、新业态正在加速培育，原有发展空间不断扩大。天津市银行业、证券业、保险业以及融资租赁业等各类金融机构向均衡化方向发展。

---

* 王璟怡，天津财经大学金融学院教师，研究方向：金融监管、区域经济；王博，天津财经大学金融学专业研究生，研究方向：国际金融。

关键词： 天津市 金融机构 金融改革 创新发展

2019年，天津市经济整体积极向好，全年GDP总值达14104.28亿元，较2018年增长4.8%。三次产业增加值分别达到185.23亿元、4969.18亿元和8949.87亿元。其中，第三产业增加值最多且增幅最大，所占份额达到63.5%，增长幅度为5.9%；第二产业增加值和增速水平次之，所占份额达到35.2%，增长幅度为3.2%；第一产业增加值最少且增幅最小，所占份额仅为1.3%，增长幅度为0.2%。

2019年，天津市金融业增加值为2025.89亿元，较2018年的1966.89亿元增加59亿元，增长幅度为3%（见图1）。近年来，天津市经济发展势头逐步向好，作为天津市发展较为迅猛的行业，金融业得到了飞速发展。随着科技金融和高端金融服务行业的发展，金融机构产品日趋丰富，金融服务水平持续提升，天津市已基本形成以银行为主体，证券、保险以及融资租赁等各类金融机构均衡发展的资本市场体制。

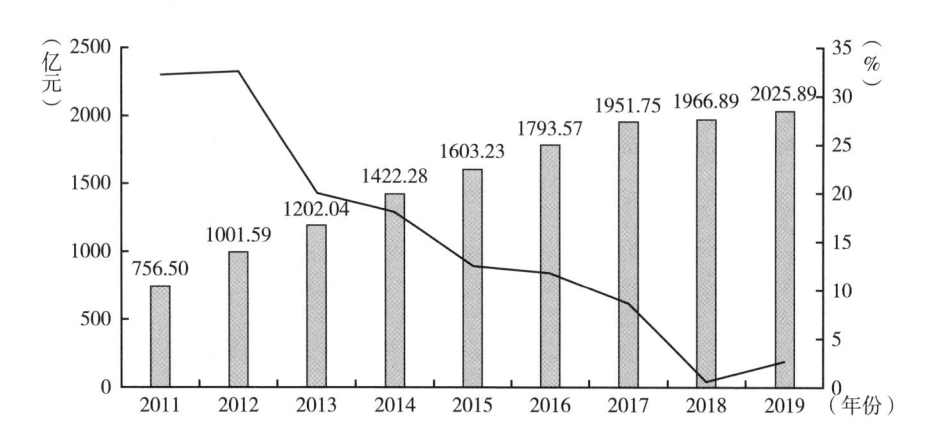

图1 2011~2019年天津市金融增加值与增幅变化

资料来源：天津市统计局。

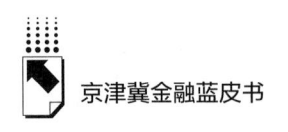

一 天津市银行业发展状况

截至2019年底,天津市银行业金融机构营业网点数量达到2991家(见表1),较2018年的3167家减少了176家;从业人数达100635人,较2018年的66180人增加了34455人;资产总额达50973亿元,较2018年的49441亿元增加了1532亿元;法人机构数量较2018年新增1家,是中车金融租赁股份有限公司。

表1 2019年天津市银行业金融机构情况

机构类别	网点数(家)	从业人数(人)	资产总额(亿元)	法人机构数(个)
大型商业银行	1247	28529	13855	0
国家开发银行和政策性银行	8	597	3220	0
股份制商业银行	407	10178	8617	0
城市商业银行	301	7622	9074	2
小型农村金融机构	618	9730	5031	20
财务公司	0	229	583	7
信托公司	0	436	135	2
邮政储蓄	389	2513	1034	0
外资银行	21	1451	785	1
新型农村金融机构	—	—	—	—
其他	0	39350	8639	17
合计	2991	100635	50973	49

注:营业网点不包括国家开发银行和政策性银行、大型商业银行、股份制商业银行等金融机构总部数据;大型商业银行包括中国工商银行、中国农业银行、中国银行、中国建设银行和交通银行;城市商业银行包括金城银行;小型农村金融机构包括农村商业银行、村镇银行、贷款公司和农村资金互助社;"其他"包括金融租赁公司、汽车金融公司、中德住房储蓄银行。
数据来源:中国人民银行天津分行、天津银保监局。

1. 金融机构存款数额稳步回升

2019年末,天津市金融机构(含外资)本外币各项存款余额达31788.78亿元,与2018年末相比增加805.61亿元,增长幅度为2.6%。

从天津市金融机构2019年各月存款余额变化情况中可以发现,6月的数额最大，为32087.59亿元（见图2）；11月的数额最小，为31196.25亿元，两者差额为891.34亿元。各月的数额变化较大，整体来看呈下降趋势，12月有所回升，存款余额为31788.78亿元，与1月相比减少269.13亿元。从各月新增存款变化情况（见图3）来看，并不呈现单一递增或递减趋势，而是增减交替状态。其中，1月为增长，且增加额最多，为1074.74亿元；5月增长数额最少，为63.48亿元，两者差额达1011.26亿元；7月减少数额最大，为630.73亿元。

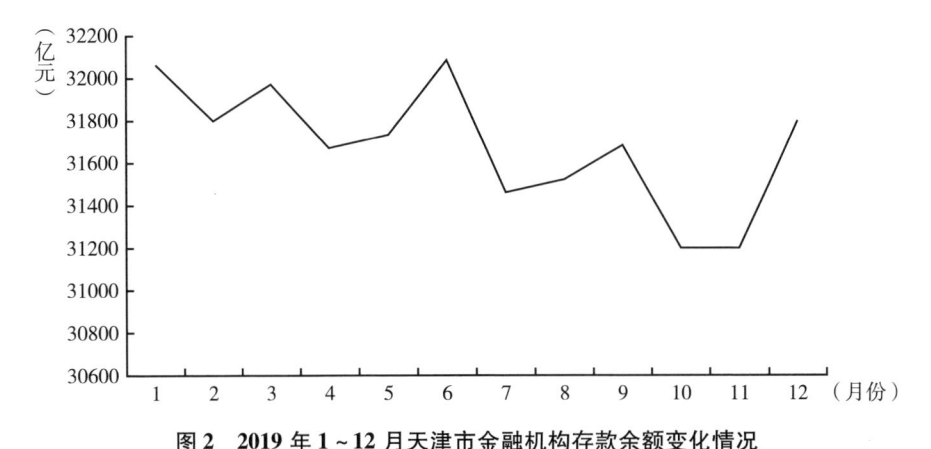

图2 2019年1~12月天津市金融机构存款余额变化情况

数据来源：中国人民银行天津分行。

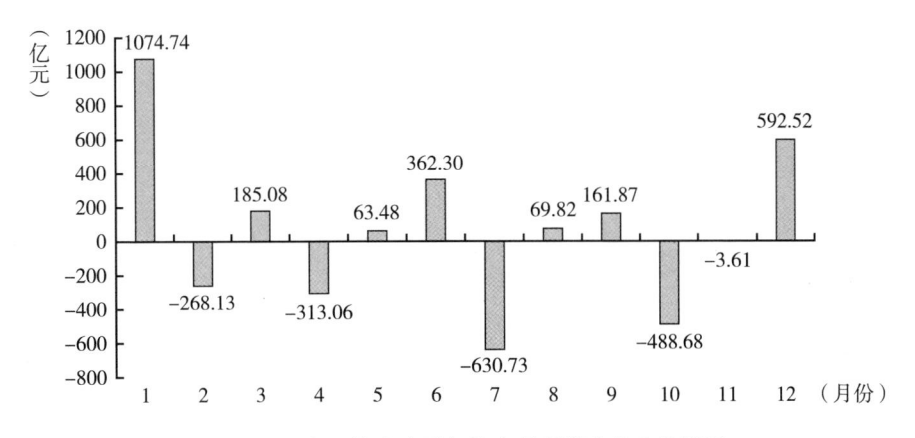

图3 2019年天津市金融机构各月新增存款变化情况

数据来源：中国人民银行天津分行。

按照金融机构存款的四个类别来看,2019年保持了2018年"一增三减"的趋势,住户存款余额有所增加,非金融企业存款、广义政府存款以及非银行业金融机构存款余额均减少。其中,住户存款(见图4)从1月到12月共计增加了1881.88亿元,2018年为1188.62亿元。非金融企业存款累计减少676.16亿元,2018年减少516.86亿元。广义政府存款中,机关团体存款减少了314.74亿元,财政性存款减少了259.9亿元。非银行业金融机构存款减少额为5.27亿元,2018年为198.38亿元。

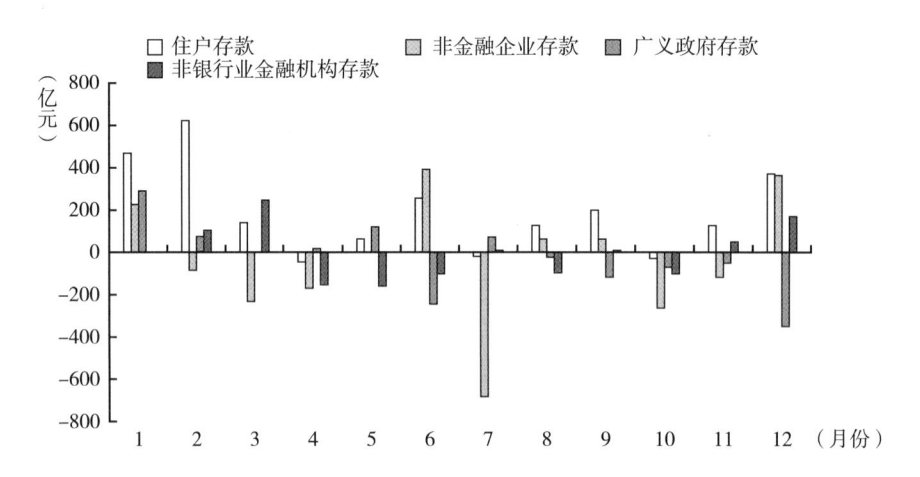

图4 2019年1~12月天津市金融机构各类存款增加额变化情况

数据来源:中国人民银行天津分行。

2. 金融机构贷款数额总体平稳

截至2019年底,天津市金融机构贷款余额为36141.27亿元,与2018年的34084.90亿元相比,增加了2056.37亿元,增幅为6%。

2019年天津市各月贷款余额总体稳步上升,仅10月与12月出现小幅度下降(见图5)。各月贷款增加额多为正增长,仅3个月出现了负增长(见图6)。其中,1月增加额最多,达到632.11亿元;12月减少最多,减少额为97.61亿元。

在2019年天津市金融机构对外贷款中,住户贷款增加额最多,非

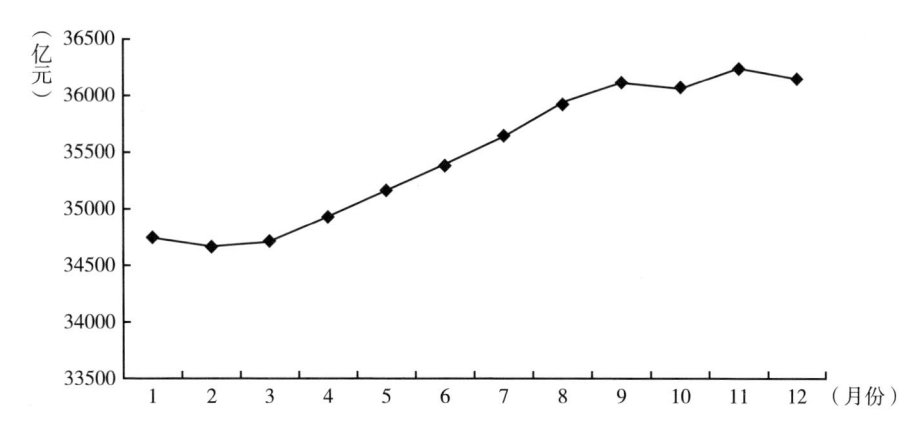

图5　2019年1～12月天津市金融机构贷款余额变化情况

资料来源：中国人民银行天津分行。

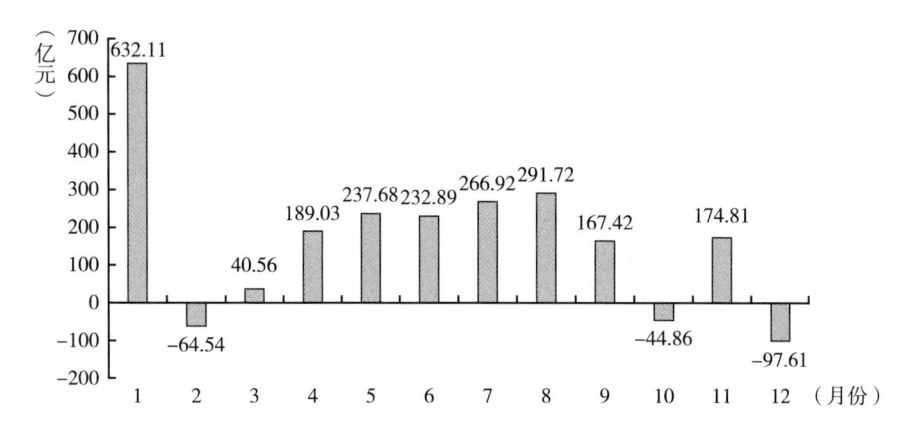

图6　2019年天津市金融机构各月新增贷款变化情况

资料来源：中国人民银行天津分行。

金融企业及机关团体贷款的增加额次之，非银行业金融机构贷款增量最小。其中，住户贷款增加额为1577.73亿元，2018年为1516.59亿元；非金融企业及机关团体贷款增加额为487.50亿元，2018年为848.47亿元；非银行业金融机构贷款的减少额为0.04亿元，2018年增加额为8.41亿元。

2019年天津市各月住户贷款增加，第二季度增加额最多，全年维持平稳增加的趋势。非金融企业及机关团体贷款增加值变动幅度较大，1月增加值最多，12月减少值最多，全年增减交替甚至接近一半的月份出现了负增长，但从总体数额来看，增加值大于减少值。非银行业金融机构贷款增加值变化不大，总体维持平衡。

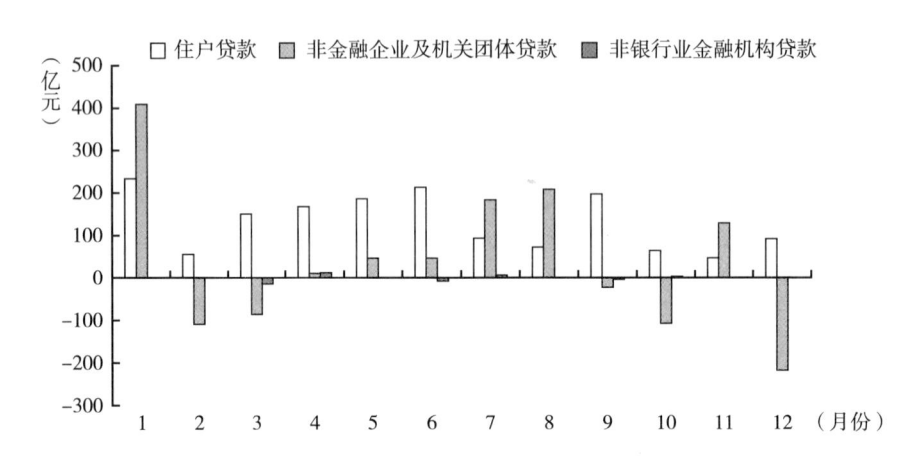

图7　2019年1~12月天津市金融机构各类贷款增加额变化情况

资料来源：中国人民银行天津分行。

3. 贷款利率下降

2019年，天津市金融机构人民币企业一般贷款加权平均利率为5.13%，与2018年相比变化不大。2019年8月，贷款市场报价利率（LPR）形成机制进行改革完善，天津市改革前后的金融机构人民币企业一般贷款利率各浮动区间占比情况分别见表2和表3，改革后比改革前下降了0.15个百分点。个人住房按揭贷款利率有所上升，但贴现、转贴现、民间借贷利率均有所下降。同时，受到美联储降息等外在因素的冲击，外币存款利率也有所降低。2019年天津市共计发放了3笔支农再贷款，并引导相关企业贷款利率下降了0.85个百分点；2019年，天津市发放支小再贷款数额激增，增幅达到507.1%，并引导相关企业贷款利率下降了1.05个百分点；再贴现额增幅达120.9%，其中小微企业的投放率为99.6%，并引导相关企业贴现利率下降了1.17个百分点。

表2　2019年天津市金融机构人民币企业一般贷款利率
各浮动区间占比情况（改革前）

单位：%

月份		1月	2月	3月	4月	5月	6月	7月
合计		100.00	100.00	100.00	100.00	100.00	100.00	100.00
下浮		14.1	15.1	23.0	20.1	24.2	18.1	23.0
基准		17.3	29.4	20.0	16.3	21.4	32.7	27.8
上浮	小计	68.5	55.5	57.0	63.5	54.5	49.2	49.1
	(1.0~1.1]	18.5	19.2	19.1	18.9	11.5	11.5	9.6
	(1.1~1.3]	12.6	10.7	13.2	13.2	12.2	12.6	10.0
	(1.3~1.5]	10.5	9.3	9.9	10.7	10.6	9.4	7.0
	(1.5~2.0]	18.3	10.1	10.6	14.7	12.7	8.5	14.6
	2.0以上	8.6	6.2	4.2	6.0	7.5	7.2	7.9

资料来源：中国人民银行天津分行。

表3　2019年天津市金融机构人民币企业一般贷款利率
各浮动区间占比情况（改革后）

单位：%

月份		8月	9月	10月	11月	12月
合计		100.00	100.00	100.00	100.00	100.00
LPR减点		13.9	16.3	15.3	14.9	27.0
LPR		0.0	0.1	1.3	1.4	0.9
LPR加点	小计	86.0	83.5	83.5	83.6	72.0
	(LPR, LPR+0.5%)	25.8	25.0	27.4	20.2	21.8
	[LPR+0.5%, LPR+1.5%)	26.2	25.3	19.4	23.9	16.1
	[LPR+1.5%, LPR+3%)	14.5	17.6	12.6	19.1	13.3
	[LPR+3%, LPR+5%)	10.6	9.9	12.9	10.0	8.0
	LPR+5%及以上	8.9	5.7	11.2	10.4	12.8

资料来源：中国人民银行天津分行。

4. 不良贷款双降，关注类贷款增加

2019年，天津市积极推进银行不良贷款的处置，改善银行资产质量状况，不良贷款额有所下降。据统计，天津市银行业2019年末不良贷款余额为882.3亿元，较年初的939.1亿元减少了56.8亿元，降幅为6%。2019年末，天津市银行业不良贷款率为2.29%，较年初下降了0.3个百分点。此外，2019年末天津市关注类贷款余额有所增加，为2420.2亿元，较年初增加了748.1亿元，增幅达44.7%。关注类贷款率为6.3%，比年初提高了1.70个百分点。

5.人民币跨境业务收付额下降，资金净流出有所收窄

2019年，天津市人民币跨境业务收付额与2018年同期相比有所下降，为1821.6亿元，降幅为14.9%。实付额大于实收额，实收额与实付额分别为864.9亿元和956.7亿元，降幅分别为10.5%和18.5%。资金净流出有所收窄，数额为91.8亿元，与上年同期相比降幅达55.9%。经常项下资金净流出有所降低，数额为200.5亿元，降幅为23.2%。资本项下资金净流入增加幅度较大，同比增长了1倍，达到108.8亿元。与中国香港和欧美地区间发生的人民币跨境收付额占比分别为27.9%和34.9%，前者同比下降了10.7个百分点，后者同比提高了6.0个百分点。

二 天津市证券业发展状况

截至2019年末，天津市共有证券公司1家，证券公司分公司33家，均与2018年保持一致。2019年天津市证券营业部为153家，较2018年增加了2家。基金公司与分公司家数均为1家，私募基金管理人较2018年减少了2人，为474人。私募基金产品共计1693种，比2018年增加了96种。证券投资咨询公司和证券信用评级公司均为1家，与2018年保持一致。证券投资咨询分公司4家，较2018年减少1家。独立基金销售机构7家，较2018年减少1家。管理基金数量较2018年增加17只，为62只。期货公司数为6家，与2018年持平；期货营业部30家，较2018年减少2家；期货分公司4家，较2018年新增1家；期货交割库数量保持不变，为52家（见表4）。

表 4　2018～2019 年天津市证券业情况

指标名称	2019 年	2018 年
证券公司(家)	1	1
证券公司分公司(家)	33	33
证券营业部(家)	153	151
基金公司(指法人基金公司;家)	1	1
基金公司分公司(家)	1	1
私募基金管理人(已登记)(人)	474	476
私募基金产品(已备案)(种)	1693	1597
证券投资咨询公司(家)	1	1
证券投资咨询分公司(家)	4	5
证券信用评级公司(家)	1	1
独立基金销售机构(家)	7	8
基金(只)	62	45
期货公司(指法人期货公司;家)	6	6
期货营业部(家)	30	32
期货交割库(家)	52	52
期货分公司(家)	4	3

资料来源：天津市证监局。

1. 证券公司资产规模有所提升，风险总体可控

据统计，2019 年末天津市证券公司的资产总额为 513.4 亿元，与 2018 年同期相比增长 6.5%。同时，盈利能力有所提升，累计实现净利润 10.0 亿元，较 2018 年增加 4.1 亿元，增幅达 69.5%。2019 年，全市证券公司负债额也有所提升，达 310.4 亿元，与 2018 年相比增长 9.6%。2019 年末，天津市证券公司风险总体可控，与监管预警标准相比，净稳定资金率和风险覆盖率分别高出了 58.2 个和 156.4 个百分点。

2. 上市公司总股本继续增加，市值增幅加大

截至 2019 年末，天津市上市公司总股本数量为 790.85 亿股，比 2018 年增加了 146.17 亿股，增长幅度为 22.7%。天津市上市公司总市值为 7208.4 亿元，较 2018 年增加了 3355.39 亿元，增幅为 87.1%。2019 年新三板挂牌公司数量较 2018 年减少 32 家，为 162 家（见表 5）。

表5 2018~2019年天津市上市公司状况

指标	2019年	2018年
上市公司总股本(亿股)	790.85	644.68
上市公司总市值(亿元)	7208.4	3853.01
新三板挂牌公司(家)	162	194

资料来源：天津市证监局。

3. 基金公司规模缩减

2019年，天津市基金公司的资产总额有所提升，为127.6亿元，与2018年相比增加了22.1亿元，增幅为20.9%。负债总额有所下降，为18.4亿元，与2018年相比减少了0.7亿元，降幅为4.0%。基金公司管理基金（均指开放式基金）数较2018年增加17只，变为62只。基金份额为12791.02亿份，较2018年减少了661.92亿份；基金净值为12826.50亿元，较2018年减少了594.15亿元（见表6）。

表6 2018~2019年天津市基金公司情况

指标	2019年	2018年	变动情况
管理基金数(只)	62	45	增加17
基金份额(亿份)	12791.02	13452.94	减少661.92
基金净值(亿元)	12826.50	13420.65	减少594.15

资料来源：天津市证监局。

4. 期货公司资产规模快速发展

2019年，天津市资产较2018年有所增加。截至2019年末，期货公司资产为137.2亿元，较2018年增加43.21亿元，增幅达到45.98%。净资产额也有所提升，为24.5亿元，较2018年增加1.82亿元，增幅为8%。2019年，天津市期货公司累计实现净利润为负值，亏损386.01亿元，但代理交易额与代理交易量与2018年相比均有大幅提升。其中，代理交易额为6367.96亿元，较2018年增加了1684.11亿元；代理交易量共计1057.72万手,同比增加了232.42万手。期货营业部代理交易量和代理交易额也有所增加,前者增加了112.70万手,后者增加了569.94亿元(见表7),但期货营业部盈利能力有所下降,全年累计实现净利润为-358.99亿元。

表7 2018~2019年天津市期货公司情况

指标	2019年	2018年	变动情况
期货公司代理交易量(万手)	1057.72	825.30	增加232.42
期货公司代理交易额(亿元)	6367.96	4683.85	增加1684.11
期货营业部代理交易量(万手)	416.86	304.16	增加112.70
期货营业部代理交易额(亿元)	2374.69	1804.75	增加569.94

资料来源:天津市证监局。

三 天津市保险业发展状况

近年来,天津市保险行业积极服务供给侧结构性改革,努力践行新发展理念,不断促进行业创新与结构升级,在完善市场体系、优化市场结构、创新服务模式等方面取得显著成效,服务实体经济的能力得到进一步提升。经过多年的改革与发展,天津市保险业经营主体不断壮大,市场结构不断优化,逐渐形成了新的保险业格局。2019年,天津市保险业发展较快,体系更加健全,充满生机与活力。

1. 经营主体总体稳定,资产规模有所回升

据统计,2019年末天津市保险公司共6家,省级分公司共69家,其中省级分公司较2018年增加6家。在总部设在天津市的保险公司中,财产险和人身险经营主体分别为2家和4家。在保险公司分支机构中,财产险和人身险分支机构分别为28家和41家(见表8)。

2019年,天津市保险公司分支机构资产总额有所提升,达到1548.6亿元,与2018年相比增长10.4%。其中,财产险公司和人身险公司的资产总

额分别达到131.2亿元和1417.4亿元,两者与2018年相比增幅分别为5.5%和10.9%。

表8　2019年天津市保险业基本情况

单位:家

项目	数量
总部设在天津的保险公司数	6
其中:财产险经营主体	2
人身险经营主体	4
保险公司分支机构	69
其中:财产险公司分支机构	28
人身险公司分支机构	41

数据来源:中国人民银行天津分行、天津市银保监局。

2. 保费收入稳步增长

据统计,2019年末天津市保险业保费收入总额达617.89亿元(见表9),与2018年相比增长10.3%,人身险收入在保费收入中占据主导地位,占总额的75.4%。

表9　2019年天津市保费收入和支出情况

单位:亿元

指标	金额	指标	金额
保费收入	617.89	保费支出	158.16
1. 财产险	152.19	1. 财产险	79.29
2. 人身险	465.71	2. 人身险	78.87
(1)寿险	355.27	(1)寿险	48.12
(2)健康险	91.95	(2)健康险	27.79
(3)人身意外伤害险	18.49	(3)人身意外伤害险	2.96

资料来源:天津市银保监局。

2019年,天津市人身险保费收入稳步提升,达465.71亿元,增幅为12.1%。而在人身险收入中,寿险收入占据主导地位,为355.27亿元,同比增加26.11亿元，占总额的76.3%；健康险收入所占比重为19.7%，为91.95亿元。同时，人身意外伤害险收入额为18.49亿元，较2018年的14.31亿元增加了4.18亿元，所占份额为4%。2019年，天津市保险业财产险收入额也有所上升，为152.2亿元，增幅为5.4%。

3. 赔付额度上升

据统计，2019年天津市保费支出有所下降，为158.16亿元，（见表9）。在保费支出中，人身险和财产险支出额相对均衡，其中财产险支出额为79.29亿元，占比为50.1%，人身险支出额为78.87亿元，占比为49.9%，占比仅相差0.2个百分点。在人身险保费支出中，寿险支出额为48.12亿元，占比为61%；健康险支出额为27.79亿元，占比为35.2%；人身意外伤害险支出所占比量最少，仅为3.8%，数额为2.96亿元。

4. 销售渠道略有改善

2019年，天津市保险业创新发展，保险销售渠道略有改善。其中，天津市保险业通过银邮代理渠道实现的保费收入为143.7亿元，与2018年相比增长了10.1%，占保费收入的比重为31.7%；通过公司直销渠道实现的保费收入为41.1亿元，同比增幅为14.6%，占比为9.1%。此外，通过个人代理渠道实现的保费收入也有所增长，为253.4亿元，较2018年增长了10.0%，占比为56.0%。

5. 科技创新推动保险行业转型

当前，保险科技的发展应用深刻影响着传统保险业的发展模式，在此背景下保险业的数字化转型已成为必然趋势。从互联网保险再到保险科技，推动着保险业与人工智能、大数据、区块链等技术不断融合。保险科技的应用推动保险业场景创造、渠道变革，使大众对传统保险业的认知发生了深刻改变，新的保险需求应运而生。同时，保险科技加速了保险价值链的重塑，孕育了新的保险业态。近年来，天津市保险业持续推进产品创新，保险产品种类丰富，过去几年推出的一系列新制度、新险种使得保险产品适用性不断提高，且风险防范更加全面。例如，太平洋财产保险公司天津分公司在2019年深度使用保险科技，将遥感测产技术应用到政策性种植保险业务中，实现

了对区域内种植作物产量端和价格端波动风险的全覆盖。

2019年，天津市保险业主动承接服务京津冀协同发展的任务，适应保险业数字化转型发展新趋势，首次实现了三地养老待遇领取资格的互认互通。例如，3家雄安新区医院纳入天津市工伤医疗康复协议，开创了京津保险关系数字化转移新模式。同时，天津市保险业还不断发力拓展服务渠道，通过大数据实时共享等科技手段对接国家社会保险公共服务平台，参保人员权益单发放实现电子化，多项业务可通过微信公众号在线预约办理，一网通、手机App等服务平台开设电子社保卡办理、养老金测算、个人缴费等多项业务服务功能。天津空港经济区保险产业园是国内目前唯一位于自贸区内的保险产业园，多年来紧抓承接自贸区建设、京津冀协同发展、滨海新区建设以及保险业创新试点建设的重大机遇，努力建设以自保中心为特色，服务贸易、金融创新、保险科技、医疗数据等协同发展的功能服务区。

四　天津市其他金融业机构发展状况

1. 互联网金融

天津市是我国北方首个建设自由贸易试验区的城市，同时天津市又是京津冀协同发展的金融创新运营示范区，是全国为数不多的金融全牌照城市之一，拥有互联网金融发展的良好政策环境和基础设施。目前，发展互联网金融已成为培育新经济增长点的重要方式，是推进供给侧结构性改革、加速转变经济发展方式的重要举措。近年来，互联网金融发展逐步形成迅猛态势，天津市已经具备了较为完备的业务门类，在合规运营和服务民生方面积极履行着自身的社会责任。

近年来，随着京津冀协同发展战略的推进实施，三地金融基础设施建设、资源配置、产业链布局不断优化，金融一体化发展的顶层设计也逐步得到完善，金融科技领域协同创新的深度和广度也在进一步拓展，高端创新资源的开发利用不断加快。天津市正积极探索互联网金融发展的新模式及新路径，加快互联网技术在金融核心业务方面的应用，利用互联网金融发展有效提升金融体系效率，进一步发挥金融支持实体经济发展的能效。互联网金融行业借助金融科技的创新和互联网技术的发展促使业态改变。随着网上支付用户规模的不断增长以及各类互联网支付应用的日益丰富与完善，各家银行纷纷围绕场景需求做好产品细分。例如，天津银行推出的新一代个人网银以用户为中心，围绕场景和操作重新对UI进行设计，通过各渠道的互补与整合实现了差异化电子银行服务的提供，为客户群体提供查询、理财、信用卡及汇款等多项便利服务，打造了一个综合、安全的电子银行综合服务平台。

为促进互联网金融行业形成良好的金融业态，2019年，天津市互联网金融协会与天津仲裁委员会办公室签署合作框架协议，共同搭建区域性互联网金融市场主体和仲裁法律服务的合作平台，为维护天津市互联网金融市场秩序，营造依法、安全、稳健、优良的营商环境提供支持。

2. 融资租赁业

2019年，随着全球经济形势变化，融资租赁业面临新的挑战和问题，逐步进入调整期。但天津滨海新区充分发挥了自身作为国家融资租赁集聚区的独特优势，创新引领融资租赁行业向好发展。天津市融资租赁业发展一直处于全国领先水平，尤其是在船舶、飞机、海上石油钻井平台等方面，规模占比超过全国的80%。过去一年，天津市滨海新区租赁业在挑战中不断前行，加速培育融资租赁新业态，积极扩展原有的发展空间。截至2019年底，总部设在天津市的各类融资租赁公司较2018年增加了44家，达到2052家。全市融资租赁总部企业注册资金与2018年相比增加了114亿元，达到8780亿元。全市融资租赁合同余额与2018年相比增加了40亿元，达到22060亿元。天津市融资租赁企业注册资金占全国的比重有所提高，达到26.8%；业务总量占比达到全国的33.2%，约占世界的7.7%。

2019年，天津市融资租赁业总体正常运转，转隶工作进展顺利，内资租赁企业的审批工作已经开始，没有发生行业性、地区性风险，行业整体仍具备持续稳定发展的基础。天津市相关部门采取发展与监管并举的政策，在

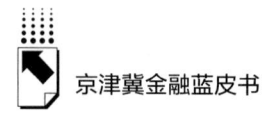

加强监管的同时，继续支持金融租赁企业的设立，及时恢复内资租赁企业的审批工作，从而稳定了融资租赁业的发展基础，使天津市继续引领全国融资租赁业向前发展。

参考文献

［1］租赁联合研发中心：《2019年融资租赁业发展情况报告》，《华北金融》2020年第3期。

B.6
2020～2021年天津金融市场运行报告

王璟怡 王 博*

摘 要： 2019年，天津市深入贯彻落实新发展理念，严格紧扣高质量发展要求，兼顾内部与外部环境的变化，有效防范各类金融风险，金融改革继续取得新的突破，金融市场得以有序开放。本报告将天津市金融市场依次划分为货币市场、股票市场、债券市场、基金市场、期货市场、租赁市场、新型交易市场和外汇市场八个市场，分别对其发展状况进行分析。研究发现，2019年天津市金融市场发展持续完善、总体运行平稳，金融改革与创新不断取得新的突破，逐步形成了全新的金融市场格局以及稳健的发展态势，为实体经济发展打造了良好的金融环境。

关键词： 金融市场 金融改革 货币市场 股票市场 债券市场

2019年，天津市金融市场运行平稳，金融改革继续取得新的突破，天津市金融市场逐渐形成发展新面貌，朝着高质量发展大步迈进。

一 天津市货币市场发展状况

近年来，天津市货币市场运行总体状况乐观，货币交易活跃有序，

---

* 王璟怡，天津财经大学金融学院教师，研究方向：金融监管、区域经济；王博，天津财经大学金融学专业研究生，研究方向：国际金融。

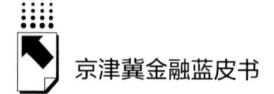

取得了显著成效。据统计，天津市银行间同业拆借市场在 2019 年稳步发展，信用拆借额达到 533583.2 亿元，较 2018 年增长 15.7%，隔夜和 7 天拆借额占比达到 91.7%。融入加权平均利率为 2.62%，较 2018 年下降 0.41 个百分点；融出加权平均利率为 2.53%，较 2018 年下降 0.29 个百分点。

从同业拆借市场情况来看，天津市 2019 年的融入金额与融出金额都较上年有所增加，分析 2019 年各月天津市银行间同业拆借情况（见表 1）可以发现，融入与融出金额的变化幅度较大。其中，融入金额 1 月最少，5 月最多，分别为 1253.85 亿元和 2125.15 亿元。对比来看，全年融出金额较融入金额的市场占比相对较低、数额相对较少，但 2019 年各月融出金额的变动幅度也较大，融出金额最多的在 8 月、最少的在 6 月，市场占比 8 月最高，为 1.33%，6 月最低，为 0.37%。

表 1　2019 年 1~12 月天津市银行间同业拆借情况

单位：亿元，%

月份	融入金额	市场占比	融出金额	市场占比
1 月	1253.85	0.87	1016.75	0.70
2 月	1503.00	1.31	830.04	0.73
3 月	1812.80	1.20	1240.28	0.82
4 月	1818.74	1.20	1272.31	0.84
5 月	2125.15	1.42	1213.10	0.81
6 月	1538.77	1.24	463.85	0.37
7 月	1900.70	1.36	859.90	0.62
8 月	1910.31	1.66	1529.70	1.33
9 月	1631.27	1.52	1264.13	1.18
10 月	1696.19	1.78	1210.62	1.27
11 月	1540.45	1.39	1063.95	0.96
12 月	1840.44	1.62	1046.85	0.92

资料来源：中国外汇交易中心。

2019年，天津市现券买卖累计成交额激增，为8642.1亿元，是2018年的2.4倍。现券买入和卖出加权平均收益率分别为3.18%和3.17%，分别较2018年下降了0.61个百分点和0.45个百分点。非金融企业在银行间市场发行的债务融资额为1747.7亿元，较2018年增长12.9%。黄金业务交易额为189.7亿元，与2018年相比增长43%，增幅较大。

2019年，天津市票据市场充分发展，再贴现业务量高于历史水平。2019年，天津市累计发放再贴现资金117.5亿元，较2018年增加64.3亿元。再贴现余额较2019年初增加了21.0亿元，增幅达到70.0%。民营企业和小微企业票据再贴现加权平均利率为3.17%，比上年分别下降了1.17个百分点和1.20个百分点。

二 天津市股票市场发展状况

2019年，天津市上市公司总市值和总股本均有所提升。截至2019年末，天津市上市公司总股本为790.85亿股，较2018年末的644.68亿股增加了146.17亿股，增幅为22.67%。2019年末，天津市上市公司总市值达7208.4亿元，较2018年末的3853.01亿元增加了3355.39亿元，增长幅度达87%。

据统计，天津市2019年底共有54家上市公司，与2018年相比增加了4家，增加的4家都在A股上市，2019年天津市A股上市公司数达到49家。此外，AB股、AS股上市公司数各1家，AH股上市公司3家，均与2018年持平。在全部上市公司中，27家公司在上交所上市，8家在深交所主板上市；在中小板和创业板上市的公司分别为9家和8家。新三板挂牌公司数呈下降趋势，由2018年的194家减少至162家。天津滨海柜台交易市场挂牌公司数较2018年有所下降，减少至913家（见表2）。

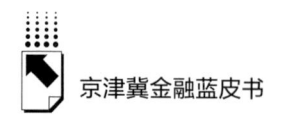

表2　2017~2019年天津市上市公司基本情况

单位：家

名称	2017年	2018年	2019年
上市公司数	49	50	54
其中：A股	44	45	49
AB股	1	1	1
AH股	3	3	3
AS股	1	1	1
其中：上交所上市	25	26	27
深交所主板上市	7	7	8
中小板上市	9	9	9
创业板上市	8	8	8
科创板上市	—	—	2
新三板挂牌公司数	205	194	162
天津滨海柜台交易市场挂牌公司数	—	1077	913

数据来源：天津市证监局。

三　天津市债券市场发展状况

一直以来，积极主动顺应市场发展趋势是天津市债券市场迅速发展的重要推助力量，天津市积极推动市内企业利用好银行间市场发行债务融资工具，使得企业融资渠道不断拓宽，融资结构得到进一步改善。2019年，天津市发行债券交易总额为16899.11亿元，较2018年降低0.2%。过去一年，天津市银行间市场积极推进产品创新，成功发行三个"首单"产品：天津首单绿色定向债务融资工具、华北首单信用风险缓释凭证支持短期债券和全国首单非上市商业银行永续债券。据统计，截至2019年底，天津市非金融企业通过银行间债券市场累计融资破万亿元，达到10057.7亿元，全国排第9位，存量金额达4034.14亿元，全国排第7位。

2019年，中国人民银行天津分行持续宣传推广银行间债券市场融资产品，精准对接发行人的多元融资需求。天津市企业目前已发行的债务融资工具有绿色债务融资工具、中期票据等基础产品和永续票据、短期融资券、京津冀协同发展债务融资工具等创新产品，共十余个种类。此外，中国人民银行天津分行成功推动十余单产品成为全国首单发行产品。通过银行间债券市场，天津市企业融资渠道得以拓宽，金融服务实体经济发展的功能得以进一步发挥。目前，在银行间市场发行的债务融资工具已成为天津市企业直接融资的重要来源。天津市企业自2006年首次在银行间市场发债至2019年末，已为全市棚户区改造、保障房建设、交通基础设施建设等重大项目和重点领域累计提供融资支持近8000亿元。此外，中国人民银行天津分行充分发挥债券市场透明度高、政策传导效果好的优势，持续宣传推广民营企业债券融资支持工具相关政策，联合主承销商辅导天津市民营企业天士力控股集团有限公司在信用风险缓释凭证的增信下两次发行债券，融资金额共计3亿元，较运用支持工具前累计节约融资成本近400万元。

一直以来，天津市在充分发挥政府举债的积极作用下，不断推进政府债券在债券市场上的全面发行。天津市不断加大债券品种的创新力度，拓宽和规范政府举债的融资渠道。同时，加大力度争取扩大新增政府债务限额，积极推动天津市地方政府债券市场的健康发展。2019年全年，财政部下达给天津市新增债券的额度达904亿元，较2018年的696亿元增加了208亿元，增幅达29.9%。债券资金重点用于支持天津市生态保护、棚户区改造、城乡发展和轨道交通等民生项目，对稳增长、调结构、惠民生起到了积极作用。

四 天津市基金市场发展状况

截至2019年末，天津市共有62只基金，较2018年的45只增加了17

只。分析各月份的基金数量（见图1）发现，2019年天津市基金数量逐渐增加，最高数量是12月的62只。与2018年呈下降态势相比，2019年天津市基金份额从年初的12410.53亿份增加到12月的12791.02亿份，经历了一个相对平缓的走势（见图2）。2019年，基金资产净值也经历了一个平缓的发展过程，从1月的12389.34亿元增加到12月的12826.50亿元，变化不大（见图3）。

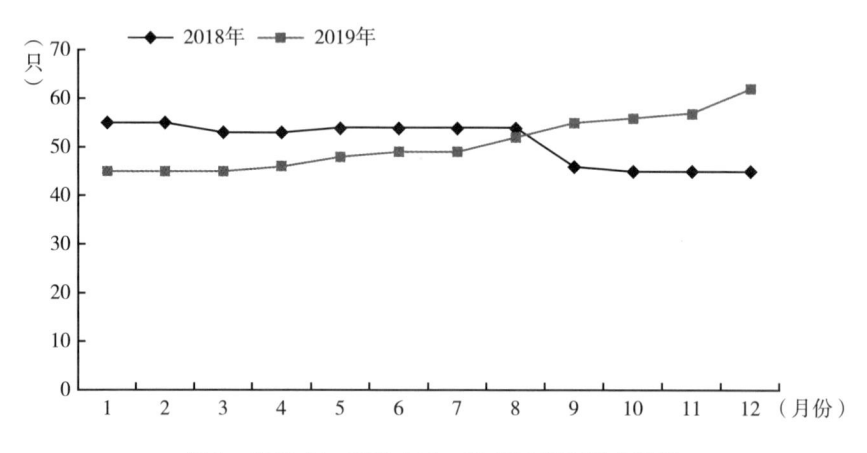

图1　2018年、2019年1~12月天津市基金数量

资料来源：天津市证监局。

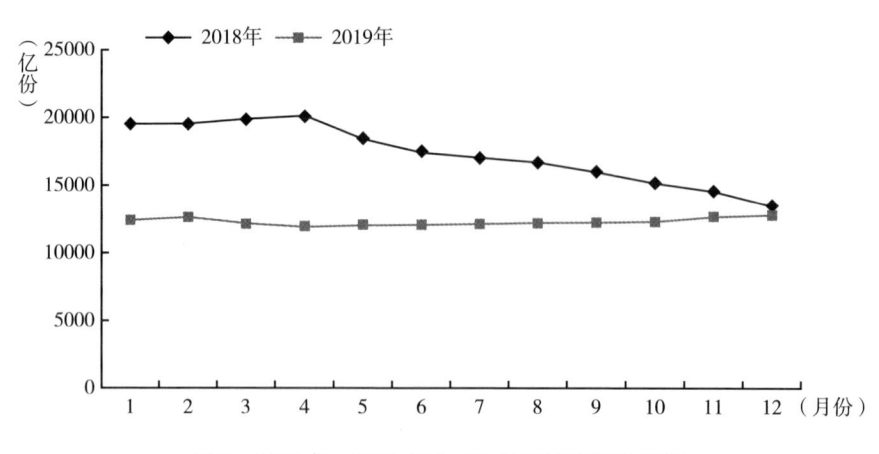

图2　2018年、2019年1~12月天津市基金份额

资料来源：天津市证监局。

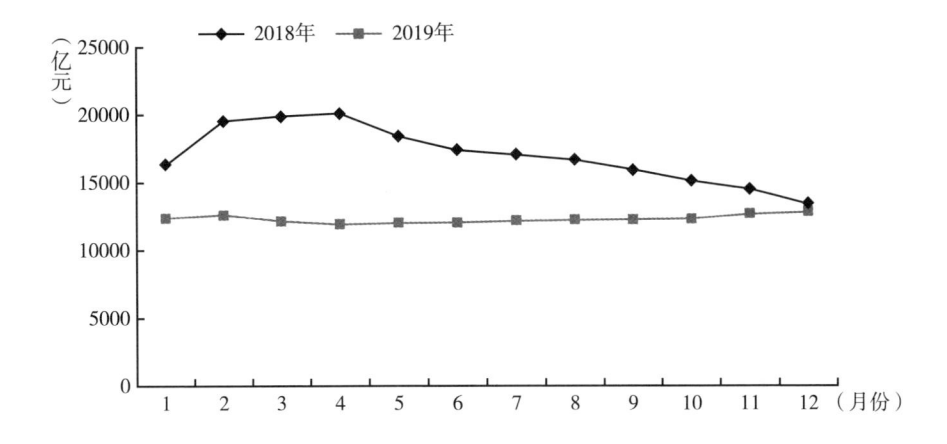

图3 2018年、2019年1~12月天津市基金资产净值

资料来源：天津市证监局。

五 天津市期货市场发展状况

近年来，天津市期货市场发展总体向好，高质量发展要求有效推进了全新期货市场格局的形成。2019年底，天津市共计有6家期货公司，52家期货交割库，数量均与2018年保持一致。全市期货营业部数量由2018年的32家变为30家；期货分公司共4家，较2018年增加1家（见表3）。据统计，2019年末天津市期货公司总资产较2018年增加了43.21亿元，为137.19亿元，增幅达到45.98%。期货公司净利润为-386.01万元，与2018年相比大幅减少。在代理交易量方面，期货公司和期货营业部分别达到1057.72万手、416.86万手，两者较上年同期分别增加232.42万手和112.7万手，增长幅度分别为28.16%和37.05%。就代理交易额在期货市场交易所占份额来看，期货公司要远大于期货营业部。2019年，期货公司和期货营业部的代理交易额分别为6367.96亿元和2374.69亿元，分别较2018年增加了1684.11亿元和569.94亿元，增长幅度分别为35.96%和31.58%。

表3　2017～2019年天津市期货市场发展情况

类别	名称	2017年	2018年	2019年
基本概况	期货公司（家）	6	6	6
	期货营业部（家）	30	32	30
	期货分公司（家）	2	3	4
	期货交割库（家）	52	52	52
期货公司	总资产（亿元）	76.66	93.98	137.19
	代理交易量（万手）	433.79	825.30	1057.72
	代理交易额（亿元）	2636.58	4683.85	6367.96
	净利润（万元）	819.96	731.12	-386.01
期货营业部	代理交易量（万手）	290.41	304.16	416.86
	代理交易额（亿元）	1987.83	1804.75	2374.69
	净利润（万元）	-174.11	-341.08	-358.99

资料来源：天津市证监局。

从2019年天津市各月期货市场净利润情况看（见表4），期货公司的净利润变化较大，增减交替出现，其中有5个月为负增长；期货营业部在全年均处于负增长状态，2月亏损额最高，达到525.68亿元。分析原因，可能是在资管新规的发布与实施下，一系列新的规定对期货市场产生了诸多影响。一方面，新规实施可能会影响期货市场上产品的通道和发售问题，进而影响利润变动。另一方面，从长期来看，天津市当前正处于经济金融转型发展时期，可能会对期货市场造成一定的影响，但随着金融市场结构的不断完善，期货市场将寻求新的突破点，逐渐形成稳健的发展态势。

表4　2019年天津市各月期货市场净利润情况

单位：亿元

月份	期货公司	期货营业部	月份	期货公司	期货营业部
1	-431.39	-498.05	7	-126.62	-233.34
2	-1436.23	-525.68	8	2876.71	-167.37
3	1427	-162.65	9	1141.35	-191.97
4	-933.59	-333.4	10	1227.8	-476.4
5	325.83	-282.26	11	1364.88	-329.73
6	1973.38	-262.21	12	-386.01	-358.99

资料来源：天津市证监局。

六 天津市租赁市场发展状况

随着天津市租赁市场的发展，近年来天津自贸区内的融资租赁企业不断增加，融资租赁模式发生了创新性改变，并拥有了独特的品牌集聚效应，形成了融资租赁业持续向前发展的良好局面。在政策推动下，2019年天津市国家租赁创新示范区继续取得新突破，在全国率先开展飞机租赁资产证券化、无形资产租赁和保税退租再租赁交易等业务。天津东疆保税港区也获批成为国内首家获得开展经营性租赁业务、收取外币租金资格的区域，自获批试点以来，区内业务办理额共计超过77亿美元。同时，天津市积极推进的首个国内融资租赁公司外债便利化试点工作进展不断，据统计已有4家融资租赁公司获批了相应资格，使28家特殊项目企业可实现外债额度共享，共计完成外债登记笔数达到21笔。截至2019年末，天津自贸区内88家融资租赁公司共计办理售后回租项下的外币支付货款数额达2.1亿美元，在境内融资租赁业务办理中收取外币租金额达到近40亿美元的规模。

2019年，天津滨海新区融资租赁业务在利好政策推动下取得一定进展，充分发挥了融资租赁的创新引领作用。天津滨海新区是我国国内融资租赁业聚集区域，截至2019年，天津滨海新区租赁业蓬勃发展，在原有发展基础上力图扩大发展板块，外延发展边界，为新业态的培育不断奋进。同时，天津东疆保税港区不断为租赁产业发展提供强大助力，积极推动国内首个保税租赁海关规定落地出台。此外，融资租赁新模式、新业态也在行业推动下不断完善。例如，东疆保税港区办理了国内首单以融资租赁方式出口汽车的业务，此单业务的顺利完成，对于拓宽共建"一带一路"国家的融资渠道、推进东疆保税港区融资租赁业出口模式转变具有重要意义。在天津滨海新区融资租赁业务中，租赁标的物的范围近年来不断扩大，已扩充至新能源材料、文化无形资产、汽车、医疗器械、轨道交通等各个新领域，未来天津滨海新区仍将继续为实现覆盖租赁的主要业务领

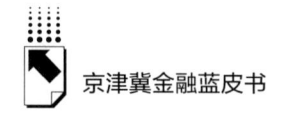

域不断发力。

但是，在全球经济形势严峻的背景下，融资租赁行业也出现了新的问题和挑战，需迅速步入调整期加以应对。发展与监管并重一直是天津市所坚守的思路，在强监管背景下，天津市积极引导设立金融租赁企业，适时恢复内资租赁企业审批，为稳定天津市融资租赁业发展基础，以及保持融资租赁业优势地位贡献了诸多力量。一直以来，天津滨海新区不断为打造融资租赁行业良好的发展环境而付诸实践。例如，租赁业监管工作指导意见的发布以及地方金融监督管理条例的出台等，都为促进形成全面完善的监管体系提供了制度支撑。与此同时，随着金融科技的发展与应用，扩大应用以大数据、云计算等为代表的技术手段已成为大势所趋。天津主动作为、抓住机遇，充分利用金融科技手段有效组建起了地方金融组织监管系统，为稳定良好的行业秩序和营造良好的市场环境发挥了积极作用。

下一步，天津市将积极对标爱尔兰、新加坡等拥有先进发展经验国家的做法，致力于打造自身融资租赁行业发展新方向、新路径，在业务升级、环境升级以及政策升级等方面不断突破，高水平建设国家层面的租赁创新示范区。

七 天津市新型交易市场发展状况

（一）天津滨海柜台交易市场

2018年，天津市原有区域性股权市场运营机构——天津股权交易所（简称天交所）转至天津滨海柜台交易市场（简称天津OTC），天津滨海柜台交易市场是天津市唯一的区域性股权市场。2019年，两者在各参与主体配合与支持下顺利实现业务整合，天交所的合格投资者已经全部转场至天津OTC。合并以来，天津OTC更加注重股权市场运营模式的创新，致力于延扩股权市场的业务范围，在积极响应政府号召下大力推进普惠金融发展，为天津市实体经济和中小企业发展提供助力。截至2019年末，天津OTC挂牌企业数量已达到 622 家。

2019 年 12 月 24 日，天津市相关部门发布《关于规范开展非上市股份公司股权集中登记托管工作的指导意见》，天津 OTC 获批拥有开展股权登记托管业务的相应资格，天津市全力支持天津 OTC 开展非上市股份公司股权集中登记托管工作，由此天津滨海柜台交易市场股份公司（简称天津 OTC 公司）作为天津市内证券登记托管机构的地位得到进一步明确。天津 OTC 拥有丰富的登记托管业务经验，自 2010 年 8 月成立至 2019 年底，专业从事登记托管业务 9 年多，累计登记托管企业 1247 家，总股本共计 212.59 亿元。天津 OTC 将在天津市金融工作局的大力支持下，积极推动全市非上市股份公司股权集中登记托管体系建设工作，为区域内企业提供优质的登记托管服务。

2019 年，天津 OTC 在业务创新及平台建设等方面取得了多项重要突破，为挂牌企业提供了多元发展选择与综合服务支持。天津 OTC 与天津市帅超科技园签署战略合作协议，标志着天津 OTC 企业服务大篷车进园区活动又开启了新的一站。天津 OTC 企业服务大篷车将继续深入企业载体平台，近距离接触平台企业，结合需求为企业提供系统服务。天津 OTC 的挂牌企业不断增加，天津 OTC 为企业带来的品质服务也在不断提升，用普惠、亲和、专业的服务为企业成长带来资本市场等多维支持。

（二）天津金融资产交易所

2019 年 1 月，天津金融资产交易所（简称天金所）启动"生态空间"战略，生态平台正式开启了空间化运营模式，上线了满足用户需求的用户、共享、支持、运营四大空间，由销售驱动型发展转向运营驱动型发展，并不断取得突破。天金所在实践中坚持以产品创新、技术创新引领和支持发展，在区块链、云计算、大数据等现代科技的支撑下，将生态空间与金融市场发展趋势相结合，着力打造共享、用户、支持和运营四个空间。生态空间是天金所在今后发展实施的重要战略，为提升交易的活跃性，未来交易空间的发展将努力在各会员间构建起多方信任，推进资产流动性充分释放。在"生态空间"战略开启以后，天金所实现了创新式发展，在引领行业发展进程

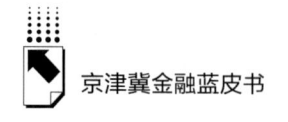

上更进一步。

2019年，天金所首次推出国内的PPP资产交易规则，对于国内PPP二级市场的发展具有里程碑式的意义。同时，天金所还建立起了PPP资产交易和管理平台，着力于构建全行业内统一的标准和规则，为各方提供便捷的资金解决方案和服务，着力打造PPP产业良好的业态环境，不断为促进PPP行业高效、持续、健康发展提供助力。此外，在生态空间（天金Space）实现数字化、场景化运营近一年后，行业内首个关于金融资产数字化技术应用的标准体系在天金所与天津金融资产登记结算公司的联合推动下得以发布，使得金融资产数字化技术基础再次得到夯实，促进了行业内数字化模式的转变与发展，在构建规范化、体系化、统一化的金融资产数字化技术的应用标准体系方面做到了勇立潮头、引领创新。

八 天津市外汇市场发展状况

天津市继续推进完善外汇管理改革，着力进一步提升天津市的外汇服务水平。2019年，国家外汇管理局天津分局发布了关于自贸区的外汇管理改革试点实施细则，在原有细则基础之上进行梳理、更新与升级，力图加大对天津自贸区建设的支持力度。分别从完善宏观审慎管理、促进投融资便利化以及简政放权等层面深入，在允许区内借用外债企业调整借用模式、简化外汇登记管理、推进资本项目外汇收入支付便利化等六个方面的外汇管理政策上进行创新，以促进外汇管理便利化。细则的实施深化了外汇管理"放管服"改革，对于进一步推进天津自贸区扩大对外开放水平，服务国家发展战略，打造高效、透明、公平的营商环境，真正做到金融为实体经济服务具有重大意义。

政策颁布后，在"宏观审慎和微观监管"框架下，区内试点的资本项目外汇收入支付便利化业务使得企业在办理资本项目收入支付业务时更加高效、便捷，业务办理的效率得到有效提升。截至2019年末，政策的实施已经取得了良好成效。据统计，区内完成资本项目外汇收入支付便利化业务达

1509笔，涉及金额超3.8亿元；区内企业办理境内直接投资登记、变更、注销相关业务达89笔，涉及金额共54.5亿美元；目前，已办理外债模式调整业务的企业有1家，17家企业在15家银行共计办理外债注销业务达23笔。政策的实施进一步简化了区内企业办理相关业务的程序，降低了市场主体的成本。

B.7
2020~2021年天津金融改革创新报告

郭嘉楠 王 博*

摘 要： 2019年，天津市金融改革创新不断深入，取得了一系列新的成就，创造了良好的发展前景。天津市积极落实新发展理念，全力推进金融改革创新发展，致力于创建高水平的金融革新框架，在高质量服务实体经济发展等方面持续发力。本报告总结了天津市金融改革创新所取得的主要成就，研究发现，天津市金融机构业务改革不断深入，金融市场创新取得显著成果，产业金融不断向前发展。最后，本报告对天津市未来金融改革创新的前景进行了展望，天津市金融改革创新发展前景向好，天津自贸区金融改革创新效能进一步发挥，成为促进全市经济高质量发展的重要引擎。

关键词： 改革创新 金融机构业务改革 金融市场创新

一 天津金融改革创新的主要成就

（一）金融机构业务改革不断深入

1. 银行业务改革不断深入

（1）服务设施智能化

当前，全球人工智能与数字化正与实体经济深度融合，随之带来的金融

---

* 郭嘉楠，国家开发银行天津分行；王博，天津财经大学金融学专业研究生，研究方向：国际金融。

科技发展以强烈势头重构金融业态。天津市积极顺应智能化服务发展大势，运用人工智能与大数据等技术引领银行业创新与改革，坚持为客户提供人性化、智能化、标准化的服务，以技术创新保障客户资金安全，有效提升了行业内的用户体验与业务效率。2019年，天津市银行业紧紧围绕经济高质量发展大局，抓住金融变革大势，在金融改革创新中突出"天津特色"，在转型创新发展理念下不断依托人工智能、云计算、智能风控、大数据等创新金融科技发展路径，从而为行业转型发展提供坚实支撑。目前，天津市银行业已初步完成创新变革的技术支持，在金融产品创新、技术创新以及服务创新上紧跟时代步伐以助力产业振兴，从而加快新动能引育，为实现实体经济高质量发展赋能。

2019年，天津市银行业积极将智能化发展落到实处，力图在效率提升、风险防控、网络安全与工作流程优化上全面完善，为自身未来金融业务稳健快速发展提供坚实支撑。各家银行争相推进产品创新。例如，为满足个人客户与小微企业日益增长的金融需求，天津银行依托云计算、大数据与分布式数据库等金融科技核心技术，实现多款自营贷款产品的上线与应用。针对个人客户，天津银行定位于优质持卡用户和长尾客户，分别推出"白领贷""天天贷"等产品，以此来实现自主引流与自主管理；针对小微企业，天津银行创新在线融资模式，在"大数据+税务+金融"理念上推出"银税e贷"产品，有效促进了"以税定贷、以贷促税"的良性循环。天津银行在推进各类金融产品创新进程中，有效解决了客户在资金周转时遇到的批量获客难和获客成本高等问题。

（2）业务便利化

2019年，天津市银行业积极为客户提供更加优质高效的服务，并取得了良好成效。一是加强了服务薄弱区网点建设。例如，中国工商银行天津分行在远郊区、环城地区筹建5家网点，其中1家已达到开业条件。同时，工商银行天津分行积极打造综合化、多渠道、一体化的线上线下服务模式，为促进业务流程优化，运用人脸识别、二维码扫描、身份证鉴别仪和工商信息直连等多重手段完成账户核验，大大缩短了企业账户的开立时间。为进一步

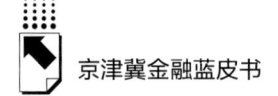

提高服务企业的效率，中国工商银行天津分行与政府合作搭建新的平台，推出的"企业通"有效实现了企业开户与工商注册的结合，客户可以一站式实现多种金融业务的办理，大大提升了办理业务的便利性。二是多角度践行了社会责任。例如，中国建设银行天津分行在市内 260 家网点搭建"劳动者港湾"，在推进服务资源面向公众开放过程中，有效拓展了网点服务功能，促进了网点的价值实现；中国农业银行天津分行为环卫工人提供饮水与休息场所，在 100 家网点建设了"环卫工人爱心驿站"；哈尔滨银行天津分行结合客户需求、人员配置等因素，组织 7 家网点开展错时营业，更好地满足了客户办理业务的需求。三是体现了银行服务的新态势。例如，兴业银行天津分行在东丽区内推出了智慧医疗扶贫项目，在线上线下为医保参保人员提供便捷式医疗支付服务，该项目的开展也同时带动了西部多个贫困县远程医疗服务水平的提升；中国银行国内第二家"5G 智能＋"系列品牌网点落户天津，以金融科技助推天津市银行业高质量发展；浦发银行天津分行建立复合型网点服务人员体系，在高峰时期形成岗位互补的工作机制，为全行客户提供了便捷的服务。

（3）普惠金融广泛化

小微企业是我国经济发展不可或缺的重要组成部分，国家始终高度重视普惠金融发展工作。天津市为深入贯彻金融转型发展战略，更好地服务实体经济，推出一系列重要举措，将普惠金融发展理念落到实处。2019 年，天津市开展了"百行进万企"工作，向全市银行业金融机构发起倡议，积极引导金融服务小微、民营企业。该项工作针对小微企业融资难、融资贵等问题开展融资对接，是贯彻落实"六稳"的重要举措，对于推动普惠金融广泛化具有深刻意义。

同时，天津市银行业也在普惠金融推进道路上更进一步。中国工商银行天津分行高度重视普惠金融发展，努力践行"不做小微就没有未来"的发展理念，主动做好"百行进万企"融资对接活动。经过两年多的摸索实践，中国工商银行天津分行已建立起一套全面系统的普惠金融供给体系，创新推出一系列金融产品，例如，"纯信用、低门槛"的小微专属融资线上产品

"经营快贷",可线上申请、在线审批、随借随还的"e抵快贷"等,同时包括应用大数据和区块链技术实现全链条授信融资,为小微企业提供快捷融资支持的"线上供应链"等,以多层次满足小微企业融资需求。中国工商银行天津分行还结合天津地区经济特点,分类推进特色场景融资创新,推出了"税务贷""跨境贷"等针对性较强的融资产品,进一步提升了普惠金融服务的功能性。

天津市银行业紧抓"百行进万企"融资对接活动契机,倾听小微企业需求与心声,以"问需于企"+"上门服务"的方式落实活动要求,将客户问卷与满足客户需求相结合,动员客户经理做好配套服务,及时满足符合授信条件的小微企业的融资需求,破解小微企业的需求与金融供给之间存在的对接不畅问题,以突破金融服务小微企业面临的瓶颈。当前,天津市银行业正全面开展行动,为提升小微企业发展活力赋能,助力经济金融高质量发展。

2.证券基金业创新步伐加快

2019年,天津市证券基金业创新步伐不断加快,在大趋势驱使下,天津市正逐步推动形成良好的行业发展环境。天津市基金行业坚持依法合规经营,各机构合规意识不断增强,流动性管控不断加强,信息技术保障投入持续加大,风险管理体系进一步完善。同时,天津市证券基金业严格防范各类金融风险,近年来得到了充分发展,在解决实体企业融资难题中发挥了重要作用,服务实体经济能力进一步提升。

2019年,天津市基金行业更进一步,行业发展提升了直接融资在实体经济中的占比,为产业转型升级、科技创新和群众理财渠道的拓宽提供了有力支持,在构建天津多层次资本市场中发挥的作用越来越突出。2019年,天津滨海柜台交易市场(天津OTC)科创专板在天津金融创新运营示范区启动,相继推出了北方首单保障房资产支持专项计划以及全国首单知识产权证券化产品。天津OTC科创专板坚持与政策"无缝衔接"以及"服务驱动"理念,兼顾对标上交所科创板和体现"天津特色",在制度规则、优先支持行业上,努力与上交所科创板形成理念一致、纵向联动、递进互补的有

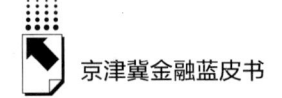

机连接，同时突出天津科技产业特点。天津OTC持续为企业带来普惠、亲和、专业的"融资、融智、融资源"服务，推动企业快速发展，帮助企业实现价值提升，逐步展现出金融服务实体经济的突出效果。

3. 保险业创新服务实体经济

近年来，天津市保险业积极响应国家号召，在以往发展内容基础上持续发力，全面推进保险服务创新、产品创新，重塑保险业态环境，促进行业发展与结构转变，依托自身优势为天津市的实体经济发展提供了高质量的保险服务。

京津冀协同发展战略实施以来，北方国际航运核心区在五年中取得了较大的建设成就。其中最具比较优势的是国际航运保险业。天津市正在打造与国际一流航运核心功能区建设相匹配的航运保险业，使其在促进天津自贸区打造升级版内容中发挥独特作用。

从发展历史看，天津市保险业发达的历史积淀因素为现实发展提供了强有力的支撑。从现实看，目前天津自贸区空港片区已建成全国首个在自贸区内运营的保险产业园，带动形成了船舶、飞机、航运等保险业在区内的集聚，有利于提升天津自贸区功能，带动国际国内航运业集聚和辐射经济发展。

4. 融资租赁迎来发展大时代

为充分利用自身优势，推进深化改革中的租赁行业发展与创新，天津滨海新区利好政策纷纷落地，带动了区域内融资租赁产业集聚效应的进一步提升。2019年，天津滨海新区融资租赁业务已基本达到全覆盖，包括文化无形资产、装备设备、汽车、轨道交通、医疗器械、新能源等多种标的物。

为积极推进国家租赁创新示范区建设进程，形成更好的示范效应，天津市不断推出特色创新政策，行业发展优势不断凸显。2019年，天津东疆保税港区获批成为国内首家具备开展经营性租赁收取外币租金业务资格的区域，自获批试点以来，区内业务办理额超过77亿美元。同时，天津市积极推进的首个国内融资租赁公司外债便利化试点工作也取得一定的突破，已有4家融资租赁公司获批了相应资格，使28家特殊项目企业实现外债额度共享，共计完成外债登记笔数达到21笔。截至2019年末，自贸区内88家融资租赁公司共计办理售后回租项下的外币支付货款数额达2.1亿美元，在境内融资租赁业务办理中收取外币租金额达到将近40亿美元的规模。2018年，天津自贸区获批成为全国首个具备开展飞机离岸融资租赁对外债权登记业务资格的地区，国家租赁创新示范区率先开展了无形资产租赁、飞机租赁资产证券化以及飞机保税退租再租赁交易等业务，天津市融资租赁行业迎来发展大时代。

（二）金融市场创新显著

近年来，天津市积极落实新发展理念，全力推进金融改革创新发展，致力于创建高水平的金融革新框架，已建立起相对完备的外汇改革创新体系和现代金融服务体系。过去几年，天津市金融业发展比较稳定，金融资产规模和金融机构数量持续增加，金融机构集聚度更加集中，进一步凸显了天津市金融业的集聚效应。尤其是在天津自贸试验区建设和京津冀协同发展战略的重大机遇推动下，天津市金融行业不断向好发展，进一步提升了自身支持实体经济发展的功能。

2019年，天津自贸区加快落实各项金融改革创新政策的实施，在推进区内跨境人民币贸易投资便利化、创新外汇管理业务和复制上海FT账户等政策方面成效显著，营商环境进一步优化，对于加快推进自贸区改革创新发展具有重要作用。同时，稳健的货币政策也在天津市金融业的大力推进下得以贯彻落实，天津市积极支持经济结构调整与转型升级，着力完善LPR传导机制，有效地促进了实体经济融资成本的降低。此外，天津市主动落实关于金融支持自贸区建设的相关政策，加快推进金融创新运营示范区建设，在发展绿色金融、租赁金融、物流金融和科技金融等方面进展迅速，金融服务实体经济效能稳步提升。

2019年，天津市金融机构在发展普惠金融、引育发展新动能、加强风险防范、推进服务贸易便利化等方面持续推进，形成了具有较强实用性和创新性的经验，并取得了较好的市场效应。例如，中国建设银行天津分行在

"线上银税互动服务平台"基础上创新出台"云税贷",通过金融科技手段助力解决小微企业的融资难题;招商银行天津分行运用FT账户体系支持企业"走出去"和贸易便利化,高效配置了境内外的金融要素,助力企业规避汇兑风险。太平洋财产保险公司天津分公司将遥感测产技术应用到了政策性种植保险业务当中,基本覆盖了区域内种植作物在价格端和产量端的波动风险。中国工商银行天津分行与相关单位联合投放了天津市首笔应收租赁账款直租保理产品,有效促进了银行支持租赁公司直租产品业务模式的创新。交通银行天津分行通过银企直连模式对接中征应收款融资服务平台,在线为核心企业供应商融资。中国农业银行天津分行积极助推企业贸易便利化,成为市内首家通过跨境电商与地方"单一窗口"对接的银行,共计发布了六项金融产品并有效助推了首笔业务的落实。可以看出,天津市创新金融服务实体经济的举措不断取得成果,金融机构服务经济发展需要的主动性和积极性进一步提升,全力推进了金融改革创新发展。

(三)产业金融不断发展

1. 科技金融

经济发展离不开现代科技支撑下的科技金融力量,事实证明科技金融为促进区域内经济金融发展提供了强大动力。5G时代虚拟现实和物联网、大数据的跨界融合以及云计算的深入应用对金融服务和金融产品的创新改变,正在对现代金融业务模式的重构产生巨大影响。如何加强5G关键技术在金融领域应用的探索,研究5G技术架构下银行的业务需求和产品新形态,已成为各大银行全面竞争的重要领域。在此背景下,金融与科技将深度融合发展,高端金融服务会逐步提升覆盖面,促进开放银行等模式在金融行业内的应用,这必将引领金融服务模式的变革转型,推动金融行业智能化发展。

2019年,为贯彻创新驱动发展战略,加速新旧动能转换,从而为经济高质量发展提供有力支撑,天津市政府推出了创新型企业领军计划,以科技金融助推企业发展路径转变和运营模式创新。天津市科技局与市内7家银行签订合作协议,支持与推介其共同开发27项金融创新产品,着力解决科技型企业面临的贷款难题。同时，天津市银行业在技术支持下不断开发专项金融产品，实现了金融与科技的深度融合。例如，民生银行天津分行根据发展阶段不同，分别针对初创期、成长期、成熟期科技型企业开发差异化的授信产品；天津滨海农商银行为新落户滨海中关村科技园的企业提供专门用于企业办公用房和研发车间装修的"装修贷"产品；招商银行天津分行为知名PE/VC机构已投企业匹配相应的贷款，或者根据存量贷款客户的成长情况利用展翼基金进行股权直投；北京银行天津分行推动子公司北银科技投资有限公司（筹）设立，助推投贷联动业务开展。此外，天津市银行业运用互联网及大数据技术开展科技金融创新。例如，中国工商银行天津分行运用经营快贷、e抵快贷、创业快贷、网贷通等一系列便捷高效、随借随还的普惠信贷产品，有效降低了企业贷款成本。天津市金融业在坚持"服务企业创新、助推企业成长"理念的同时，不断拓宽与金融机构间的合作范围，在科技与金融深度融合下持续打造更多契合企业需求的产品，助力企业高质量发展。

2. 绿色金融

区域金融改革建设要牢记围绕新的发展理念，不断为金融供给侧结构性改革提供有力的助益。对金融业来说，就是要具备承担实践绿色金融的社会责任意识、抓住自身发展的重大机遇和践行防范风险的内在要求。2017年，天津市在相关政策推动下就已经在绿色金融体系方面进行了系统规划，助力实体经济发展。

在绿色金融发展过程中，绿色信贷的发展为我国绿色金融事业提供了强大助力。2019年，在扶持绿色信贷行业、助力绿色交通以及绿色环保企业发展方面，邮储银行天津分行拓展绿色信贷市场，提升对工业节能节水、资源循环利用、清洁及可再生能源、绿色交通运输等环保项目的关注度。另外，对产能过剩行业依据细分行业的广泛性、产品替代率、客户群范围、环保合规性、企业经营状况等综合情况实施差异化政策，全力支持实体经济发展。此外，邮储银行天津分行还与天津港首农食品进出口贸易有限公司、天津农业投资担保有限公司签署预付款融资合作协议，开展供应链金融合作，积极推进绿色金融产品模式创新；与担保公司、保险公司、互联网平台等合作，依托核心企业，延伸做大"银行+核心企业+农户+担保公司"合作模式。华夏银行天津分行积极打造"绿色金融"特色业务，在资金、服务、技术、产品等方面加大对天津地区循环、绿色和低碳经济的支持力度，特别是在重点推进"京津冀大气污染防治融资创新"项目以及合同能源管理融资业务的过程中，与政府、企业及各方协同合作，不断取得丰硕成果。2019年以来，伴随着项目、产品、服务的同步推进，华夏银行天津分行推出了光伏贷、特许经营权质押融资、排污权抵押贷款融资和合同能源管理融资等系列产品，同时充分利用绿色租赁、绿色债券、资产证券化等渠道和方式，为企业绿色融资提供多样化的金融支持。在助力民生事业发展方面，围绕生态环保事业，华夏银行天津分行对相关科技型企业的"金融赋能"力度不断加大。

二 天津金融改革创新发展前景

（一）自贸试验区金融改革创新的能效进一步发挥

自2015年建立以来，天津自贸试验区作为北京、天津、河北的第一个自由贸易试验区，承担着三地协同发展的重要任务。在贯彻新发展理念背景下，国家设立天津自贸试验区以构筑区域开放新格局，助推京津冀协同发展，为经济高质量发展注入强大动力。天津自贸试验区的设立，对于推进天津市扩大对外开放具有重要的战略意义。据统计，截至2019年，天津自贸区GDP占全市GDP的10%，实际利用外资额占比达到了全市的45%，全市近1/3的进出口额、1/2的对外投资都出自此，天津自贸区已成为引领全市高质量发展的桥头堡。天津加快推进创新金融、智能制造以及生物医药等新动能的引育，商业保理、融资租赁、航空制造维修等产业达全国领先水平，尤其是融资租赁业规模已占全国1/3的比重，稳居国内行业发展排头兵地位。同时，天津自贸区在促进京津冀开放型经济发展中，积极发挥对外开放的门户作用，率先实现在演艺经纪、飞机维修等方面的开放，设立的三地产业结构调整引导基金总规模达到100亿元，区内金融租赁企业新增三地项目的投放金额达到113亿元。此外，天津自贸区还积极推进医疗健康、物流金融、国际保理、跨境电商、离岸租赁等业务的创新，为促进区域转变发展模式、培育新动能贡献重要力量。

近年来，天津自贸区充分发挥金融改革创新能效，积极推进改革开放的深化，取得了显著成效。天津市积极吸取先进的国际经验并应用于自身金融改革创新，着力建构开放型经济体制，为全面型服务开放经济区的建设不断尝试。同时，天津自贸区也积极和共建"一带一路"国家（地区）加强经贸合作，有力地提升了我国企业的国际影响力和竞争力。天津市鼓励支持全市金融机构充分利用区内的金融创新优势，以产品、模式等创新为企业的境外投资与合作提供支持。天津自贸区在发展中也逐渐形成了自身可复制的经验并推广到北京、河北地区，以助力三地协同发展，为我国其他区域的经济建设做出了更好的示范。

为了支持天津自贸试验区创新发展，打造出新时代改革开放的升级版，天津市在2019年实施了一系列举措。例如，推进投资自由化改革，支持自贸区进一步探索更高层次的贸易自由，推动商贸服务、航运服务以及金融服务等现代服务业以及汽车、船舶、飞机等先进制造业的开放，加速推进由贸易便利化转向贸易自由化的目标实现；设立京津冀三地协同开放合作示范区，赋予自贸区更大的改革创新自主权，建立与自贸区发展相匹配的运行机制和管理模式；提升北方国际航运核心区服务能级，探索与腹地区域口岸经济合作的新模式，提高港口国际化水平和综合竞争力等。

2019年，天津市进一步发挥自身建设好自贸区的能动性和首创精神，用优质高效的外汇服务支持自贸试验区改革创新政策落地生根、复制推广。国家对自贸试验区发展寄予厚望，因此天津市不断从政策研究、业务创新、风险防范等方面加强区域合作，主动作为、发挥优势、相互促进，力图创造优势叠加、资源共享的良好局面，让自贸试验区外汇政策红利更多惠及京津冀企业，更好地推进京津冀协同发展和雄安新区建设。

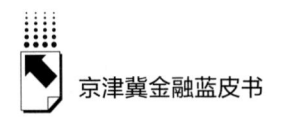

（二）努力建成自由贸易港

天津市作为打造新的中国经济支柱的重要力量，抓住天津建设自贸区的机遇，加强金融制度创新。天津拥有出口加工、综合保税与保税港区，基本具备了申报自由贸易港的条件。

建设自由贸易港是我国在新背景下发展开放型经济以及推进高水平对外开放的重要路径。天津建设自由贸易港，金融改革创新的方向应符合服务实体经济的要求，坚持金融要为自贸港建设提供支持的思路，不断提高贸易投资的自由化便利化水平。与此同时，要拥有风险意识与底线思维，将国家经济与金融安全放在首要位置。

参考文献

[1] 李文增、李拉：《天津自贸区建设的主要成效及发展战略构想》，《求知》2020年第7期。

[2] 左芳琴、尹艳冰：《天津市金融发展与经济增长的相关性研究》，《中外企业家》2019年第32期。

[3] 魏路遥：《科技金融发展的进展和瓶颈——以天津市为例》，《金融科技时代》2019年第11期。

[4] 闫贵福：《"科技+金融"天津市科技局5万~30万元奖励创新型领军企业》，《求贤》2019年第10期。

[5] 中国人民银行天津分行课题组：《关于建设天津自由贸易港的探讨》，《华北金融》2019年第5期。

河北金融发展篇

Development of Hebei Financial Industries

B.8
2020~2021年河北金融机构发展报告

何 楠 李赫燃*

摘 要: 2019年,京津冀协同发展不断向纵深迈进,雄安新区建设进入新的阶段,冬奥会、冬残奥会等项目积极筹备,准备工作扎实推进,河北省经济金融发展步入新阶段。从总体来看,2019年河北省经济运行呈现平稳发展态势,主要政策发展目标达到预期要求。金融市场运行平稳,从社会融资规模、存款增长以及信贷结构来看,几项指标均呈现良好发展态势,金融机构改革以及跨境人民币业务持续稳步推进。同时也要看到,经济下行压力加大,产业结构有待进一步优化。因此,要提高宏观调控的前瞻性、针对性、有效性,加强对经济重点领域和薄弱环节的支持力度,通过财政政策、货币政策,统筹协调,相互配合,共同发力,提升市场预期,促进

---

* 何楠,天津财经大学金融学院博士研究生,研究方向:国际金融;李赫燃,天津财经大学金融学专业研究生,研究方向:国际金融。

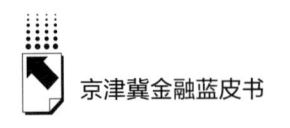

金融体系稳健运行，确保经济平稳健康发展。

关键词： 金融机构　银行业　证券业　保险业

2019年，河北整体经济呈平稳态势。首先，基本面稳定。2019年，河北省GDP达35104.5亿元，比2018年增长6.8%，经济整体运行态势平稳，并且呈现稳中有进、稳中向好趋势。其次，在产业支撑方面，规模以上工业增加值实现增速5.6%，超额完成年度目标任务1.1个百分点，与全国增速保持平齐。在所有的40个大类行业中，有31个行业实现增加值同比增长，行业占比达到77.5%。其中建材工业增速较大，比2018年增长8.9%。最后，有效需求稳定。一是投资平稳增长。2019年，河北固定资产投资增速与全国差距逐月缩小，月投资同比增长5.2%，与全国增速持平。在三次产业中，第三产业仍是拉动投资增长的主动力，占全省投资总额的53.7%，同比提高2.3个百分点。二是稳外贸取得显著效果。2019年河北省出口总额比2018年增长6.4%，高于全国增速1.9个百分点。在出口商品中，机电产品和高新技术产品出口增长速度较快，分别为13.1%和15.8%。三是消费市场运行平稳。限额以上单位消费品零售总额对经济增长贡献率长期保持60%以上，持续发挥对经济增长的主拉力作用。

2019年，服务业相对于其他产业发展增速较快，增加值增速为9.4%，高于全省GDP增速2.6个百分点；在GDP中的占比突破50%，达到51.3%。

一　河北省银行类金融机构发展情况

2019年，河北省人民银行各分支机构坚持金融服务实体经济的根本要求，落实稳健的货币政策，加强逆周期调节和结构调整，着力疏通货币政策传导，信贷增长平稳，结构持续优化，在贷款利率下行的同时，社会融资规模同比上升，为落实"六稳"和经济高质量发展的宏观经济政策奠定良好的货币金融环境基础。

1. 资产规模继续平稳增长

截至2019年末，全省范围内，银行类金融机构资产总额达87332.1亿元（见表1），较上年增长9.3%。其中，从金融机构资产分布来看，仍然以城市商业银行和小型农村金融机构为主体，其资产总额达3.7万亿元，占银行类资产总额的比重较大，而新型农村金融机构仍在发展之中，资产总额占比相对较小。2019年，在二级分行方面，国家开发银行以及邮政储蓄银行各新增1家分行，均设在雄安新区；股份制商业银行以及城商行分别新设二级分行3家、4家；新型农村金融机构已开业111家。从全省银行业组织体系来看，更加趋于合理完善。

表1 2019年河北省银行类金融机构概况

类型	网点数（家）	从业人数（人）	资产总额（亿元）
大型商业银行	3309	73292	33315.3
国家开发银行和政策性银行	166	3539	5267.5
股份制商业银行	506	10774	5646.9
城市商业银行	1221	24719	18620.9
小型农村金融机构	4885	48768	18117.7
财务公司	7	265	1034.7
信托公司	1	273	158.2
邮政储蓄银行	1456	17492	3816.4
外资银行	2	49	31.8
新型农村金融机构	312	4796	606.2
其他机构	3	473	716.5
合　计	11868	184440	87332.1

资料来源：中国人民银行石家庄中心支行。

2. 存款余额较快增长，住户存款拉动作用明显

2019年末，河北省金融机构本外币各项存款余额达73216.32亿元（见表2），比2018年增长10.5%。2019年末人民币存款余额为72884.5亿元，比2018年增长10.6%。就所有部门存款来看，住户存款最多，2019年末余

额达到46693.14亿元。非金融企业及机关团体存款2019年末为14269.47亿元，比2018年增长2.7%；非银行业金融机构存款余额为728.26亿元，比2018年末下降16.2%。

表2 河北省金融机构本外币存贷款主要项目情况

单位：亿元，%

项目名称	余额 2019年末	同比增长
各项存款	73216.32	10.5
1. 住户存款	46693.14	15.3
2. 非金融企业及机关团体存款	14269.47	2.7
3. 广义政府存款	11494.98	4.8
4. 非银行业金融机构存款	728.26	-16.2
各项贷款	53788.52	11.8
1. 住户贷款	19369.06	16.6
（1）短期贷款	3736.93	19.1
（2）中长期贷款	15632.14	16.0
2. 非金融企业及机关团体贷款	34320.68	9.2
（1）短期贷款	12744.01	4.7
（2）中长期贷款	18679.3	11.1
（3）票据融资	2271.87	24.2
（4）融资租赁	595.21	7.1
（5）各项垫款	30.3	-46.0
3. 非银行业金融机构贷款	25.35	-23.9

资料来源：中国人民银行石家庄中心支行。

3. 贷款增速和增量高于上年，支持实体经济力度加大

截至2019年末，河北省金融机构本外币贷款余额为53788.5亿元，比2018年末增长11.8%；其中人民币各项贷款余额为53448.1亿元，比2018年末增长12.0%。从各部门贷款来看，2019年末，住户贷款余额达19369.1亿元，比2018年末增长16.6%。非金融企业及机关团体贷款余额为34320.7亿元，比2018年末增长9.2%。从贷款期限来看，中长期贷款增长较为迅速，比2018年末增长13.3%。

4. 对薄弱环节的信贷支持力度加大

2019年,河北省继续深化普惠金融发展,推广定向降准支持范围,切实帮助民营小微企业解决融资困难问题,增加市场信心,并取得良好效果。2019年,民营企业贷款余额突破2.04万亿元,其中,私人控股型企业贷款余额增速最为明显,比2018年末增长13.1%。同时,加大对小微企业的金融扶持力度。普惠小微贷款2019年末余额为3664.9亿元,其中,单户授信贷款余额为1398.5亿元。另外,金融在脱贫攻坚中发挥着重要作用。2019年,河北省积极引导金融资源向贫困地区流动,在全省范围内,贫困县金融机构各项贷款余额在2019年达6246.7亿元,比2018年末增长15.7%。

5. 再贴现的定向支持力度加大

2019年,在再贴现操作方面,中国人民银行石家庄中心支行积极创新,安排专项再贴现额度,规模为50亿元,为"直通车"业务提供有力支持。在再贴现业务的带动下,金融机构在票据融资业务方面发展迅速,2019年末,河北省票据融资余额达2271.87亿元,比2018年末增长24.2%。

6. 贷款利率下降,贷款市场报价利率(LPR)政策效应初步显现

2019年,河北省金融机构一般贷款加权平均利率为6.7%,比2018年下降0.26个百分点。2019年末,对小微企业加强扶持,下调贷款利率至7.16%,比2018年末下降0.29个百分点;普惠小微企业贷款加权平均利率为7.37%,比2018年末下降0.97个百分点。在全省范围内,在金融机构发放的人民币贷款中,实行LPR减点的贷款占比在2019年8月为8.4%,在2019年末上升至10.7%,加点的贷款占比则呈下降趋势,由91.5%下降至87.9%。地方金融机构在定价机制建设方面不断完善,参与利率市场化程度向纵深迈进,全省120家地方法人金融机构经评估后均成为全国市场利率定价自律机制成员。

7. 不良贷款余额和不良贷款率双下降,资本充足率稳中有升

2019年,河北省银行业金融机构不良贷款余额为1191.7亿元,占总贷款余额的比重为2.21%。2019年,河北省银行业金融机构累计实现净利润683.9

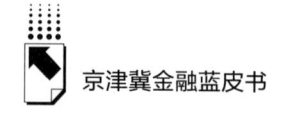

亿元，比2018年增加27.7亿元。资产利润率为0.82%，比2018年下降0.03个百分点。成本收入率为34.82%，在近五年中，呈连续下降趋势。资本充足率呈稳步上升态势，2019年河北省银行业资本充足率为13.24%。

8. 跨境人民币业务持续稳步发展

在推进跨境人民币业务的发展过程中，要始终坚持"本币优先"，政策宣传以及市场培育要两手抓，努力营造更加开放的金融市场环境，配套的金融服务设施也要跟上。同时，要积极发挥现代媒体的宣传优势，及时全面地宣传人民币跨境使用，并通过媒体报道以及知识竞赛的方式，最大范围地传播宣传效应，增加受众数量，达到更好效果。基于多层次、大范围的宣传，一方面，可以激发跨境使用人民币的热潮；另一方面，可将本币优先原则深深植入市场主体意识之中。此外，走访重点企业，辅之以必要的调研行动，努力将政策送达基层，将底层信息反馈到顶层，把隐形问题统统找到，并予以有效解决，尽可能扫除人民币跨境结算的阻碍因素，推动人民币跨境使用率的提升。在自贸区进行试点，推动自贸区投资便利化，指导自贸区银行为优质企业开"绿灯"，简化业务审批流程，提高业务结算效率，为自贸区建设奠定良好的政策基础。2019年，河北省人民币跨境收付金额总量为624.3亿元，比2018年增长27.3%，办理跨境结算的企业总数为6975家，比2018年新增969家，在市场主体规模方面进一步扩大。

二 河北省证券期货业金融机构发展情况

2019年，河北省证券期货业运行平稳，资本市场结构层次优化，可持续发展能力进一步增强。证券机构发展态势稳定，上市公司数量不断增加。

1. 证券机构稳步发展

截至2019年末，河北省证券机构共297家，其中，法人机构1家（见表3），证券分公司39家，证券营业部257家。2019年全年实现证券交易额约5万亿元，比2018年增长20.9%。

表3　2019年河北省证券业发展情况

项目	数量
总部设在辖内的证券公司数(家)	1
总部设在辖内的基金公司数(家)	0
总部设在辖内的期货公司数(家)	1
年末上市公司数(家)	58
国内股票(A股)筹资额(亿元)	148.4
当年发行H股筹资额(亿元)	—
当年国内债券筹资额(亿元)	623.5
其中：短期融资券筹资额(亿元)	42.9
中期票据筹资额(亿元)	255.5

资料来源：河北省证监局。

2. 期货业稳步发展

截至2019年末，全省范围内共有期货机构48家，其中法人机构1家，分公司6家，营业部41家。期货客户数量为7.0万户，比2018年增长了10.4%；2019年全年代理交易量突破5745.6万手，比2018年增长了24.9%；代理交易额总量突破36355.4亿元，比2018年增长了27.3%。

3. 上市公司数量继续增加

2019年，河北省上市公司总数为58家，新三板挂牌企业为216家；区域性股权市场仍然只有1家，即石家庄股权交易所，挂牌企业共计2037家。石家庄股权交易所股权融资总额在2019年达到101.5亿元，比2018年增长826.8%；在债权融资方面，债券融资总额达到5.0亿元，比2018年增长244.5%。

三　河北省保险业机构发展情况

1. 分支机构数量持续增加，保费收入增长较快

2019年，河北省保险业总体运行平稳，分支机构布局更加合理，覆盖面更加全面，为社会稳定发展保驾护航能力显著增强。全省范围内新增省级

保险分公司3家、新增省级以下分支机构91家。总资产达到4143.2亿元，比2018年增长14%。2019年全年累计实现保费收入1989.2亿元，比2018年增长11.1%。保险业业务结构不断优化，车险保费收入较2018年下降3.8个百分点，保证保险保费收入较2018年增长37.7%。

2. 保险密度略有下降，保险深度与上年持平

2019年，河北省保险密度为2030.0元/人，较2018年下降345.5元/人；保险深度为5.0%，与2018年基本持平；保险业累计承担风险总额突破93.2万亿元，比2018年增长16.7%；保费支出额为549.8亿元（见表4），同比增长1.6%。

表4 2019年河北省保险业基本情况

项目	数量
总部设在辖内的保险公司数(家)	1
其中:财产险经营主体(家)	1
人身险经营主体(家)	0
保险公司分支机构(家)	75
其中:财产险公司分支机构(家)	37
人身险公司分支机构(家)	38
保费收入(中外资原保险保费收入,亿元)	1989.2
其中:财产险保费收入(中外资,亿元)	572.7
人身险保费收入(中外资,亿元)	1416.5
保费支出(中外资原保险保费支出,亿元)	549.8
保险密度(元/人)	2030.0
保险深度(%)	5.0

资料来源：河北省银保监局。

四 其他金融机构发展情况

截至2019年底，根据金融统计监测管理信息系统数据，河北省小额贷款公司为420家，比2018年下降3.1%；从业人员共计4531人，实收资本

达到239.1亿元，累计收回贷款总额为108.0亿元，实现利润总额达0.8亿元。

按贷款对象划分，个人贷款占绝对比重，贷款余额为219.4亿元，占全部贷款的92.7%；而企业和其他组织贷款余额仅为17.4亿元，占比也只有7.3%。

按贷款额度划分，贷款投放集中于"10万~50万元"额度。2019年末，规模在"10万~50万元"的贷款余额为205.4亿元，在总贷款中的占比达到86.7%；"50万元以上"的贷款余额为26.2亿元，占比为11.1%；规模在"10万元以下"的贷款余额仅为5.2亿元。由此可以明显看出，贷款投放额度集中于"10万~50万元"，"小额、分散"的放贷特点突出。

按贷款期限划分，短期贷款受欢迎程度较高。2019年，短期贷款余额达到229.3亿元，占全部贷款总额的97%，而中长期贷款余额仅为7.5亿元，占比也只有3%，短期贷款占绝对比重。其中，期限"大于6个月小于12个月"的贷款余额为159.0亿元，占全部贷款的67.1%。

B.9 2020~2021年河北金融市场运行报告

何楠 李赫燃 崔文瑶玥*

摘　要： 本报告分析了2019年河北省证券市场、基金市场、股权交易市场、信托市场及融资租赁市场发展情况。从总体上来看，各类型金融市场运行基本稳定，但上市公司数量较少，股权交易市场、信托市场以及融资租赁市场规模较小，多层次市场结构有待进一步优化。未来，要积极培育后备上市资源，壮大上市公司规模，强化合规运作，优化多层次资本市场结构，不断提升服务实体经济的能力，为经济恢复奠定良好的金融市场基础，充分借助股票、债券和信托市场进行产业转型，全面助力京津冀一体化发展战略的实施，并不断推动全省经济发展。

关键词： 金融市场　证券市场　股权交易市场　信托市场　融资租赁市场

一　河北省证券市场发展情况

2019年，河北省共有58家上市公司（见表1），比2018年增加1家。其中，22家公司通过上海证券交易所上市，36家公司通过深圳证券交易所上市；主板上市公司为36家，中小板和创业板上市公司22家。河北省上市

---

* 何楠，天津财经大学金融学院博士研究生，研究方向：国际金融；李赫燃，天津财经大学金融学专业研究生，研究方向：国际金融；崔文瑶玥，天津财经大学金融学专业研究生，研究方向：国际金融。

公司在沪深两市进行交易的股票共59只,其中A股57只,B股2只,河北省上市公司在沪深两市流通总股本量为844.82亿股,占沪深上市公司总量的1.61%,总市值为6805.44亿元,占沪深上市公司总市值的1.15%。

表1 2019年河北省资本市场概况

单位:家

地 区	合计	上海证券交易所	深圳证券交易所		
		主板	主板	中小板	创业板
石家庄	16	3	5	3	5
唐 山	10	6	2	1	1
保 定	10	5	1	1	3
邯 郸	2	0	1	0	1
秦皇岛	4	1	1	2	0
沧 州	5	2	0	2	1
廊 坊	4	3	0	1	0
承 德	2	0	2	0	0
邢 台	2	0	1	1	0
张家口	1	0	1	0	0
衡 水	2	2	0	0	0
全 省	58	22	14	11	11

资料来源:Wind数据库。

2019年,河北省新三板挂牌公司达216家,占全国挂牌公司总数的2.41%;新三板挂牌公司2019年股权融资额为5.63亿元,较上年降低了65.40%,占全国挂牌公司股权融资额的2.13%。

2019年,河北省上市公司直接融资额共计231.38亿元(见表2)。共计9家上市公司在沪深股市进行股权融资,融资9次,获得融资148.38亿元。其中,2家上市公司通过IPO融资,融资额为22.64亿元,6家上市公司通过增发融资,共计融资117.39亿元,1家上市公司通过配股融资,共计融资8.35亿元;其中3家主板公司融资额为17.67亿元,2家中小板公司融资额为85.40亿元,3家创业板公司融资额为45.31亿元(另有1家公司有退市风险,未做统计)。债券融资方面,5家上市公司在沪深股市发行公司债券,7次共计融资83亿元。

117

表2 2014~2019年河北省证券市场融资情况

单位：亿元

融资类别	2014年	2015年	2016年	2017年	2018年	2019年
股权融资额	117.32	199.32	738.26	248.23	86.09	148.38
其中：首发融资额	4.63	6.43	0	29.54	33.89	22.64
增发融资额	112.69	192.89	738.26	218.69	29.47	117.39
配股融资额	0	0	0	0	22.73	8.35
债券融资额	15	204	422	30	228	83

资料来源：Wind数据库。

二 河北省基金市场发展情况

截至2019年末，河北省已登记私募基金管理人共计134家（见表3），全国占比为0.55%，在全国排名为第23位；已备案私募基金251只；管理基金规模为437.90亿元。

表3 2019年河北省私募基金情况

类型	私募管理人(家)	管理基金(只)	管理规模(亿元)
证券	24	38	4.21
股权、创投	108	211	433.50
其他	2	2	0.19
合计	134	251	437.90

资料来源：石家庄股权交易所。

三 河北省股权交易市场发展情况

河北省区域性股权交易市场有1家，即石家庄股权交易所。石家庄股权交易所股权融资额2019年为101.5亿元，比2018年增长826.8%；债券融资额为5.0亿元，比2018年增长244.5%。挂牌企业为2037家，托管企业为2423家，相较于2018年，挂牌企业增加119家，托管企业增加177家。

四 河北省信托市场发展情况

作为河北省唯一经营信托业务的金融机构，渤海国际信托股份有限公司（以下简称渤海信托）近年来发展态势良好。自2014年以来，渤海信托总资产和净资产不断攀升，2019年，渤海信托总资产达158.20亿元，净资产达131.34亿元，管理信托资产达5966.03亿元（见表4）。其中信托资产主要有以下几类，分别为集合类、单一类和财产权类，2019年末集合类信托资产为1483.43亿元，比2018年末增加了326.32亿元，另两类比2018年末有不同程度的降低（见表5）。截至2019年末，已经清算的信托项目共计653项，其中集合类64项、单一类465项、财产权类124项。

表4 2015~2019年渤海信托资产状况

单位：亿元

年份	总资产	净资产	信托资产
2015	48.48	42.34	2161.73
2016	85.62	70.46	3463.77
2017	140.14	115.44	7549.35
2018	140.37	120.33	6203.32
2019	158.20	131.34	5966.03

资料来源：《渤海国际信托股份有限公司年报》，渤海国际信托股份有限公司网站，http://www.bohaitrust.com/Other/annual/cid/46/lid/48.html。

表5 2019年渤海信托信托资产情况

单位：亿元

信托资产类型	2018年末	2019年末
集合类	1157.11	1483.43
单一类	4577.50	4159.16
财产权类	468.71	323.44
合计	6203.32	5966.03

资料来源：《渤海国际信托股份有限公司年报》，渤海国际信托股份有限公司网站，http://www.bohaitrust.com/Other/annual/cid/46/lid/48.html。

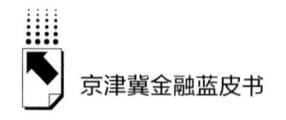

五 河北省融资租赁市场发展情况

2019年，面对错综复杂的经济形势，河北省金融租赁有限公司（以下简称河北金租公司）完成增资扩股，注册资本进一步增加，达到39.2亿元，其中，国有资本在总资本中的占比大幅提高；传统业务稳中有进，创新业务探索方兴未艾；主体信用保持AAA级，流动性管理能力继续提升；模型化风险管理初步搭建，资产质量保持稳健；信息化建设成效明显，基础管理能力有力提升，各项工作都站上了新台阶。

河北金租公司积极与其他企业展开交流合作。与北京华宇软件股份有限公司（以下简称华宇软件）达成一系列共识，双方正式启动数据服务平台（LDS）建设，公司业务、资金、财务、资产管理等相关负责人与华宇软件平台建设团队进行了充分的沟通。本项目将为河北金租公司整合经营数据，搭建企业级数据仓库，构建创新业务系统、数据报表系统、领导驾驶舱等信息提供服务，升级数字化决策能力。

河北金租公司在融资租赁业务方面取得了长足的发展，提高了产业和融资的结合，不断提高业务能力，在清洁能源、节能环保以及医疗健康等业务领域实现较好发展，积累了竞争优势，形成了良好的租赁资产结构。

B.10
2020~2021年河北金融改革创新报告

朱蓓 李赫燃*

摘 要： 2019年，河北省深入贯彻落实国家宏观调控政策，京津冀一体化进程持续推进，金融改革措施有条不紊地实施，金融服务得到优化，取得了一系列金融改革创新成果。但同时，金融服务体系建设需要进一步完善，对关键领域和薄弱环节的扶持力度有待进一步加强，尤其是在金融促进科技创新方面。因此，基于金融业服务实体经济的思路，要加快金融服务体系建设，政府债务管理和监督，加强金融监管，增强防范化解重大金融风险能力，深化金融科技创新，充分利用多层次、多方位的金融改革创新成果，为河北省经济发展提供不竭动能。

关键词： 金融改革 金融创新 实体经济

一 2019年河北省金融改革创新成果

2019年，全省金融系统以央行的货币政策为指导，继续实施稳健的货币政策，控制好利率水平，面对经济下行压力，积极调节，逆经济风向行事。同时，大力发展第三产业，尤其是推动科技创新型企业发展，优化经济

---

* 朱蓓，国家开发银行天津分行；李赫燃，天津财经大学金融学专业研究生，研究方向：国际金融。

结构，增强核心竞争力和抵御经济风险能力。对政策传导实施有效的管理，对信贷流向与用途全面监控，防范信用风险，存贷款在质与量两个方面均实现突破，结构更趋合理化，为国家宏观经济政策实施以及化解经济发展矛盾发挥了不可替代的重要作用。

1. 深入贯彻落实金融改革政策措施

一是建立相适应的体系机制，为经济发展提供配套的上层建筑设施，包括政策、决策协调、监督考评、保障等方面，与国家经济政策和发展理念相衔接。同时，进一步引导投融资体制改革步伐向深水区迈进，深入推进"两新一重"项目，政府投资基金与社会资本同时发力，共同发展进步，在公共服务和产业经济发展两个维度做出更多贡献，继续将投资作为重要发展对象，优化供给结构，加强经济治理，完善基础数据库建设，充分利用大数据和人工智能，激发其促进经济发展的潜能。

二是金融支持实体经济力度加大，贷款增速和增量均有提升。2019年末，河北省金融机构本外币贷款余额达5.38万亿元，河北省社会融资规模达8339.4亿元。在信用收缩压力大以及结构性矛盾大的情况下，贷款在增速和增量两方面的回升以及社会融资规模的提高等，均体现出对经济逆周期调节力度的提升。

三是在推动京津冀协同发展方面，加强信贷支持力度。截至2019年末，河北省银行业对京津冀协同发展项目的授信余额累计达13884.3亿元，比2019年初增加957.2亿元。河北省银行业在交通一体化、环境保护以及产业升级转移方面取得突破性进展，授信规模达7791.4亿元，比2019年初增加989.1亿元。雄安新区建设方面，各项贷款余额达382.2亿元，比2018年增长50.4%。在所有地级市中，石家庄新增贷款最多，保定、廊坊以及张家口三市新增贷款分列第二、第三、第四位，四市贷款增量达到全省贷款增量的52.1%。

四是对薄弱环节的支持力度加大。2019年末，河北省民营企业贷款余额达2.04万亿元，比2018年末增长10.4%；其中私人控股企业贷款余额比2018年增长13.1%，普惠小微贷款余额为3664.9亿元，比2019年初增加483.9亿元。2019年末，贫困县金融机构各项贷款余额为6246.7亿元，比2018年末增长15.7%。同时，加强了对第三产业在信贷方面的扶持力度。2019年末，河北省第三产业贷款余额为1.9万亿元，占比达到59.5%。

2019年，河北省增设了债券相关机构，分别是政府债务研究评价中心和债券发行中心，积极开展与中央国债登记结算有限责任公司、上交所以及深交所的合作。2019年，政府发行的两年期专项债券按照原定计划全部足额偿还，向社会公众及整个金融市场展现了河北省在政府债券发行及偿还方面的信心和能力。

2. 金融服务优化

一是在农村金融服务方面实现质的突破。河北银监局一直把农村金融服务作为工作中的重中之重，紧抓落实，从目标明示、监测管理到统筹调度有条不紊地推进。把政策任务分配到基层金融机构，层层落实，环环相扣，加强政策落实针对性，具体问题具体分析，脚踏实地，不搞虚假覆盖。对于政策较难落实的村镇，采取更加灵活的工作方式，积极与负责人沟通交流，协调进度，确保政策任务有效落实。通过实施一系列积极主动的行动措施，河北省农村基础金融服务取得积极成效。截至2019年末，在1743个乡镇中实现了银行网点和保险服务的普及，在42879个行政村中实现银行基础金融服务，实现了"基础金融服务不出村、综合金融服务不出镇"的政策目标。

二是开展线上金融服务业务。以金融服务实体经济为原则，积极发挥金融促进实体经济的关键性作用。针对中小微企业的发展特点，解决其贷款期限短而投资期限长的困难，明确企业诉求；同时，对银行需求充分了解，做到两者有效衔接，使银行风险管理和企业资金需求差异最小化，通过大数据分析整合，对中小微企业做出合理的信用评估，化解中小微企业在发展过程中的难题，在金融供给方面给予中小微企业最大的支持，充分激发中小微企业发展活力，并最大限度地防范金融风险。采用"互联网+""大数据+"等多种模式齐头并进，"线上+线下"双管齐下，在政府、金融机构以及中小微企业之间形成良性循环。资金能够以更低的成本、更高的效率流通到中小微企业，金融机构对企业服务实现差异化，增强针对性，有效提升金融服务效率，加快经济运转。例如，唐山市线上金融服务取得新的进展，自2019年末平台试运行以来，在一个月时间内，吸引900多家企业和22家金融机构入驻，完成融资额6.7亿元。

三是在线支付进一步发展。2019年9月8日，河北省第一家无人超市落户雄安新区，极大地节省了用工成本，提升了企业经营效益。同年9月30日，河北省对外支付税务备案电子化拉开序幕，河北省外汇局和税务局联合发布《关于正式推广河北省服务贸易等项目对外支付税务备案电子化工作的通知》，进一步降低对外贸易服务成本，增强出口企业的竞争力。

四是金融机构服务水平取得长足进步，抵御金融风险能力显著性增强。金融机构作为金融市场的重要组成部分，是经济发展的重要支撑。以邯郸市为例，中国农业银行充分发挥在投融资中的中介作用，积极创新，发挥为地区经济发展注入活力的重要作用，适度合理增加信贷投放规模，为经济发展提供不竭动能。保定市坚持金融多维发力，全面服务实体经济，推动其向高质量方向发展。全市各项贷款余额在2019年末达到4381亿元，比2019年初增加627亿元。在普惠金融方面取得显著发展，小微企业贷款在2019年末达到503亿元，为地方实体经济良好发展奠定坚实基础。保定银保监分局积极贯彻落实国家发展战略，截至2019年9月末，为京津冀协同发展提供贷款515.46亿元。

3. 金融支持京津冀协同发展迈出新步伐

首先，在雄安新区规划方面，要向高质量方向发展。根据雄安新区建设的总体布局规划，积极调整金融功能定位，优化金融产业布局，建立健全金融监管新模式，在房地产投资领域，进行信托基金（REITs）公募发行试点工作，探索新的金融创新发展路径。对于雄安新区新设金融机构的准入，做好准备工作，加大金融管理知识培训以及宣传力度，对雄安新区金融管理服务进行升级。新区金融机构网点2019年达164家，而在新区成立时仅有134家；金融机构从业人数增长近1/5，达到2495人。中国银行、中国农业银行、中国工商银行、中国建设银行、交通银行、光大银行等金融机构在雄安新区成立分行，19家金融机构加入人民银行管理与服务体系中，新区已形成较完整的金融体系。

其次，积极支持北京非首都功能分散。充分发挥人民银行的领导协调作用，通过央行内部营业管理部和天津分行，对京津冀协同发展进行统筹规划，对金融资源重新整合，弥补短板，形成合力。

最后，在金融服务方面，对重点服务领域紧抓落实，为迎接冬奥会举办及更大范围、更高水平的开放做准备。截至2019年末，张家口金融机构支持奥运项目累计投放资金81.37亿元，2019年末余额达到359.04亿元。河北省银行业为支持京津冀协同发展做出巨大贡献，项目授信余额达13884.3亿元，比2019年初增加957.2亿元。

二 河北省金融改革创新未来发展展望

2020年，随着京津冀协同发展不断深化，雄安新区基础设施大规模完善，冬奥会协同效应不断展现，自贸区成立等事项落实，河北省经济发展获得重大历史机遇，为经济高质量发展奠定了良好基础。

1. 加快金融服务体系建设

金融服务体系建设要向中小企业倾斜，建立配套机制体系，在发展中小银行金融机构方面，要加大发展扶持力度，尤其要大力推行社区银行的发展。同时，积极鼓励民营企业通过上市、增发、配股等方式筹集资金；支持企业向外扩张，进行并购和重组，也可以通过发行公司债券和资产支持证券等方式募集资金，实现融资渠道多元化。在民营企业融资方面，加强银行与民营企业的联系，形成良好的长期银企关系，进一步发展联合授信试点工作，建立联合授信风控联动机制。加强金融服务平台建设，尤其是省级平台建设，减少政策时滞，有针对性地对民营企业进行扶持帮助，进一步提高其融资能力。对于拖欠民营企业和中小企业账款问题，要加强治理，形成长效

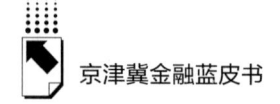

机制，严惩恶意拖欠应付账款行为。

2. 加强政府债务管理和监督

积极督促各部门做好本职工作，对市县两级行政单位政府债权融资活动严格规范，并加强债券偿还保障机制建设，提高政府债务管理水平和效率，实行绩效制；对于政府债务，信息要公开透明，做到权力在阳光下行使。对地方融资平台严格监管，对于不规范行为要及时规范。突出政府的行政职能，弱化其融资的经济职能，对于政府债务规模要谨慎控制，保持其处于合理区间，坚决不能发生隐性债务风险。

3. 加强监管，防范化解重大金融风险

以现代金融监管体系为蓝本，以高标准、严要求来进行宏观审慎管理，进一步在综合监管上开拓推进，功能监管和行为监管要做到精准性和有效性相结合，从而为经济发展提供稳定的金融秩序环境。中央与地方在金融监管权上明确分工，加强属地金融监管职责，将金融风险控制在合理范围内。弥补金融监管制度方面的空白，同时对监管环节补齐短板，促进金融市场平稳有序发展，不能触及系统性金融风险这一最低要求。积极配合省级行政单位部署，将有关金融风险处置政策措施落到实处，对金融主体进行动态管理，最大限度化解存量金融风险。在金融组织、金融活动等方面，地方政府要出台相应的风险防控与治理措施，从风险源头逐一排查，增强管控有效性，采用风险评级制进行动态管理，尽量减少增量金融风险，保证金融市场平稳运行。积极开发"河北金融云"平台的潜力，最大限度发挥其作用，配合相关部门做好监督和管理工作。另外，各地方政府要在金融风险监测与化解处置两方面下功夫，积极作为，加强对互联网金融和交易场所的监测，做到及时有效的清理整顿，对冗余交易场所清理排除，对重点交易场所提高管理力度，确保金融风险处于政府可控范围之内。

4. 深化金融科技创新

建立市场化长效合作机制，促进银行与专业投资机构良好合作，不断帮助支持科技创新型企业发展。在信贷机制方面，为科技型中小企业建立长期集合信贷机制，积极发挥大数据分析的及时性、体量大、可视化的优势，采取"银行+征信+担保"新模式,增强对科技型中小企业的信贷支持,建立健全融资评价体系,为增强其创新能力奠定制度基础。

参考文献

[1] 张云:《生态共治共享　推动首都"两区"及河北北翼绿色发展——2019京津冀协同发展参事研讨会综述》,《经济与管理》2019年第6期。

[2] 《解读京津冀三地〈政府工作报告〉　聚焦区域协同高质量发展》,《信息系统工程》2019年第2期。

专题篇
Special Topics

B.11 京津冀城市群金融资源优化配置分析

课题组*

摘　要： 随着区域城市集群化和金融一体化水平的提高，京津冀城市群内的一些城市越来越加强交流合作，共同发力来加快产业协同发展，进而推进区域一体化。2019年，京津冀城市群内仍然存在金融资源规划不平衡的问题。因此，本文分析了京津冀城市群金融资源空间配置现状及存在的问题，然后分析了京津冀城市群内各城市的金融资源配置效率，在此基础上为京津冀城市群金融资源优化配置提出可行的政策建议。

---

* 天津市金融学会重点研究项目"京津冀城市群金融资源空间配置优化研究"课题组。课题组负责人高晓燕，课题组成员：于博、杜金向、臧维、刘子铭、张帆、焦云、刘亚楠、张玉皓。高晓燕，天津财经大学金融学院教授、经济学博士、博士生导师，研究方向：农村金融、能源金融；于博，天津财经大学金融学院副教授，研究方向：互联网金融；杜金向，天津财经大学金融学院副教授，研究方向：农村金融；刘子铭，天津农商行资产管理部高级经理，研究方向：银行管理；臧维，哈尔滨银行静海支行行长；张帆，天津财经大学金融学专业研究生，研究方向：农村金融、绿色金融；焦云，天津财经大学金融学专业研究生，研究方向：农村金融、绿色金融；刘亚楠，天津财经大学金融学专业研究生，研究方向：农村金融、绿色金融；张玉皓，天津财经大学能源金融专业本科生，研究方向：能源金融。

关键词： 京津冀城市群　金融资源配置　金融中心体系效应

发展城市群是国家的一个重大战略。我国城市群发展势头良好，因此应该继续深入贯彻落实城市群发展战略，以发展较好的城市带动整个区域的发展，促进区域间融通补充，塑造区域协调发展格局。2018年相关政策指出，要促进京津冀城市群发展，以北京、天津为发展中心引领区域内其他城市的发展，进而带动环渤海地区的发展。作为现代经济的核心，金融具有资金融通功能，城市群作为一个区域的核心，发展得好就能吸引大量资金、人才，从而提升综合竞争力。近年来，因各地经济发展水平和政策支持力度不同，金融资源在京津冀地区很难得到有效配置，阻碍了京津冀城市群的协同发展，不利于区域一体化的形成。因此，本文分析京津冀城市群的金融资源配置效率，以促进京津冀城市群进一步发展。

一　京津冀城市群金融资源配置现状

（一）京津冀城市群经济发展状况

京津冀城市群是我国最重要的政治、文化与科技中心，拥有完整的现代产业体系与现代化产业链。如图1所示，京津冀GDP近十年来持续增加，虽在2019年略有回落，但整体呈现上涨趋势。从2009年的37256亿元增加到2019年的84580亿元；2019年京津冀人均GDP达到74796.67元，同期全国人均GDP为70892.07元。从金融地理学的角度看，京津冀地区人口密度高、经济规模大，已经成为我国北方地区的金融中心。

从内部看，京津冀城市群各主要城市之间发展水平极不均衡，北京"一家独大"现象明显。2019年北京市GDP为35371亿元，占京津冀城市群GDP的41.8%，天津市GDP为14104亿元，河北省没有GDP达到万亿元级别的城市，较高的唐山市和石家庄分别为6890亿元和5393亿元。

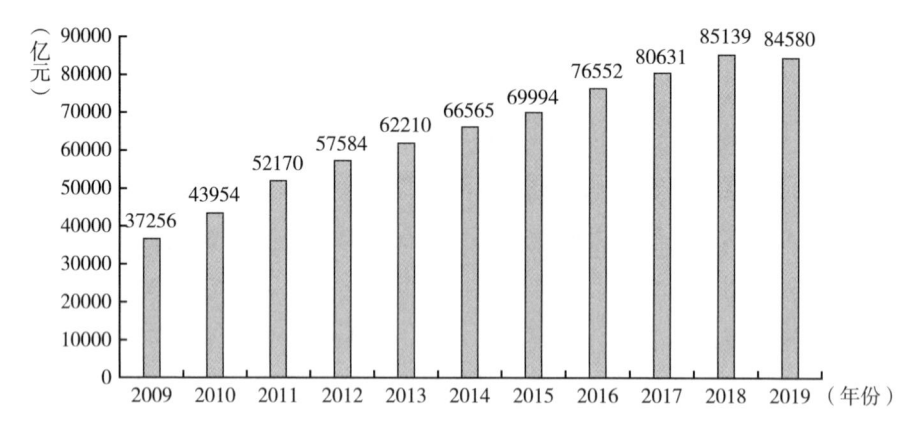

图1 京津冀城市群GDP

数据来源：《中国城市统计年鉴》、各城市统计公报。

（二）京津冀城市群金融资源配置现状分析

京津冀协同发展是促进环渤海经济区发展的需要，目的是实现京津冀三地优势互补、统筹规划、资源共享。但是由于经济基础差异较大、资源分配不均等问题，三地在协调发展中存在很多问题，尤其是金融资源配置、功能产业布局不均衡等。为了探究京津冀城市群金融资源配置效率问题，本部分从金融资源总量、证券市场、金融开放程度三个方面来分析。

1. 金融资源总量

金融机构存贷款量是金融资源中的一个重要组成部分。金融机构吸收社会上的闲散资金，将资金贷给有需要的人，金融机构存贷利息差产生收益，同时达到融通资金的目的，使存款资源服务于实体企业，促进经济发展。近年来京津冀地区金融资源总量稳步上升，存贷款余额稳步增加，其中存款余额由2017年的22.77万亿元上涨到2019年的27.61万亿元（见图2），增幅约为21.26%，贷款余额由2017年的13.64万亿元上涨到2019年的16.68万亿元（见图3），增幅约为22.29%。贷款余额涨幅超过存款余额涨幅说明资金使用效率有所提升，金融促进实体经济发展动力增强。从全国范围看，2017~2019年，长三角地区金融机构存款余额增幅为19.68%、贷款余额增幅为32.15%，珠三角地区金融机构存款余额增幅为19.84%、贷款余额增幅为32.60%，京津冀城市群的资金利用率仍低于集群效应更为显著的长三角地区、珠三角地区。

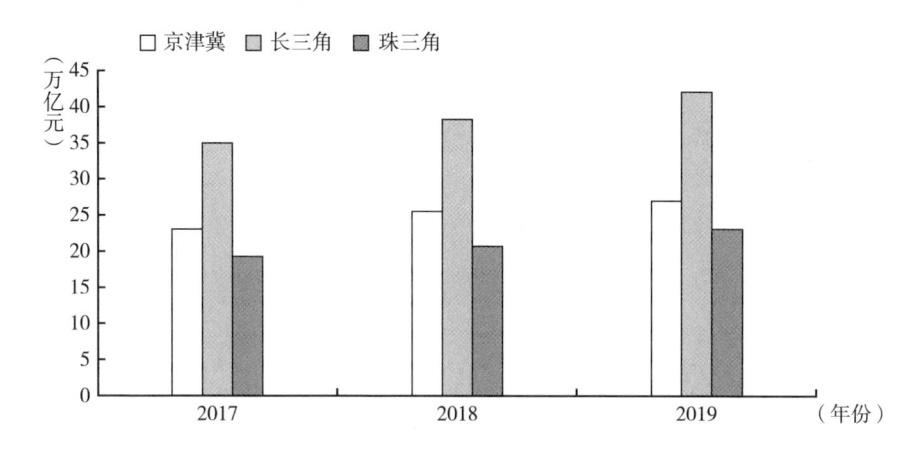

图2 2017~2019年京津冀地区、长三角地区、珠三角地区金融机构存款余额

数据来源：《中国城市统计年鉴》。

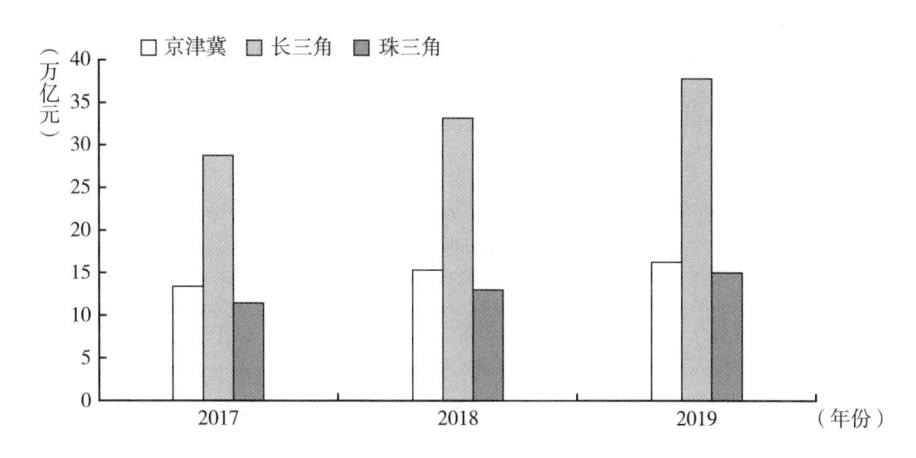

图3 2017~2019年京津冀地区、长三角地区、珠三角地区金融机构贷款余额

数据来源：《中国城市统计年鉴》。

2. 证券市场

证券市场可以有效调配货币资金，是金融市场的重要组成部分，对整个经济的运行有着举足轻重的作用。作为证券市场的主体之一，上市公司的数量和规模可以在一定程度上代表证券市场的发展指标，即地区经济越发达，上市公司数量越多、规模越大。从表1和表2中可以看出，京津冀城市群上市公司数量和规模呈增长趋势，说明该地区综合经济实力在不断加强。从整体上看，2019年，京津冀城市群上市公司数量占比约为全国的12%，是中国上市公司较为密集的区域之一；上市公司规模占比约为全国的19%，反映出该地区利用金融市场进行直接融资的能力较强。从内部看，城市群内部股票资源分配不均现象较为严重，京津冀城市群的金融资源主要集中在北京地区，平均而言，北京市的上市公司市值比天津市和河北省高很多，多为规模大、实力雄厚的公司。这种资源分配不均会产生马太效应，影响天津、河北地区经济可持续发展。

2019年全国共有证券营业部10745家，其中以广东省和浙江省分布最多，分别有1458家和1018家，但京津冀地区的河北省仅有257家，金融资源严重少于广东省和浙江省；而四大直辖市中北京市的证券营业部数量也小于上海市，我国金融资源整体偏重于南方地区，京津冀城市群对资金的吸引力不足问题亟待解决。

表1 2016~2019年京津冀地区上海证券交易所、深圳证券交易所上市公司数量情况

年份	北京市上市公司数（家）	天津市上市公司数（家）	河北省上市公司数（家）	京津冀上市公司数（家）	全国总上市公司数（家）	京津冀占全国比重（%）
2016	281	45	52	378	3082	12.26
2017	306	49	56	411	3477	11.82
2018	316	50	57	423	3578	11.82
2019	346	54	58	458	3831	11.96

数据来源：根据中国证监会资料整理。

表 2　2016~2019 年京津冀地区沪深交易所上市公司市值

单位：亿元

年份	北京市	天津市	河北省
2016	122303.34	5285.14	8205.8
2017	134089.78	5245.12	8484.5
2018	115833.63	3853.01	5978.48
2019	139278.59	7208.4	6805.44

数据来源：根据中国证监会资料整理。

3. 金融开放程度

通过金融开放，一个国家或地区在全球范围内实现金融资源优化配置，为地区提供自由、公平的资金流通环境。金融开放能吸引外商投资，弥补国内资金不足，有助于提高金融市场竞争力，提供多样化产品，稳定人民币汇率，促进跨境资金的持续净流入。同时，在全球贸易保护主义和单边主义日益抬头之际，有利于境外投资者分享中国发展的红利和机遇，推动经济全球化发展，实现互利共赢。

2018 年我国实际利用外资额达到 8856.1 亿元人民币，再创历史新高。从表 3 可以看出，长三角地区实际利用外资额占比为全国的一半以上，而京津冀地区占比为 23.2%，虽然实际利用外资额小于长三角地区，但增长率为 24.2%，远大于长三角地区的 3.4% 和珠三角地区的 3.7%，这说明京津冀地区吸引外资潜力巨大。货物进出口额可以反映该地区对外贸易情况，与实际利用外资额意义相同，京津冀地区地处环渤海经济带，依托首都的资金集聚优势和优越的地理位置，对外贸易发展势头较好。

表 3　2018 年三大地区利用外资情况

单位：%

指标	长三角地区	珠三角地区	京津冀地区	全国
	占全国比重			
实际利用外资额	58.2	15.3	23.2	100

续表

指标	长三角地区	珠三角地区	京津冀地区	全国
	占全国比重			
货物进出口额	36.8	22.5	12.7	100
进口总额	34.7	24.7	20.2	100
出口总额	38.5	19.9	6.3	100
指标	增长率			
实际利用外资额	3.4	3.7	24.2	3
货物进出口额	9.2	5.4	18.4	9.7

数据来源：《中国区域金融运行报告（2019）》。

（三）京津冀城市群金融资源配置存在的问题

1. 区域经济协同程度低

与长三角、珠三角地区相比，京津冀地区区域利益协调机制尚不健全，各地政府未形成统一规划调配资源，同时北京对津冀地区资源挤占现象明显，辐射带动作用不够，使得地区内经济发展和公共服务水平存在差异，整体实力不强。从基础设施方面看，京津冀地区因为具有首都的地理位置优势，交通四通八达，已建成以北京为中心的放射性干线公路、铁路，连通了该城市群内部所有地级市和大部分县城，是中国交通网络布局最复杂、基础设施最完善全面的地区之一。海港方面，天津港作为北方国际航运中心和国际物流中心作用不突出，港口虽大航运却不发达，集疏运能力不足，海港功能有待进一步提升。

在产业发展方面，缺乏有效长久的政策引导和支持。城市群内部产业结构升级迟缓，各地区主营产业发展方向不同。北京以高新技术为主的第三产业快速发展，高端装备制造业领先全国平均水平；天津传统上重资产行业占比过大，新动能产业青黄不接；河北在"虹吸效应"的影响下，缺乏人力资本和物力资本，与天津、北京的发展差距大，产业结构明显落后，为此政府也在大力推动"三二一"发展态势，服务业增加值实现了较大提升。

2. 区域金融发展不平衡

京津冀城市群内部的金融发展存在不平衡现象。2019年北京、天津和河北的银行类金融机构网点数分别为4560家、2991家和11868家，其中证券营业部数量分别为544家、153家和257家；期货营业部数量分别为112家、30家和41家；金融机构从业人员数北京、天津和河北分别为122726人、100635人和184440人。这说明河北在提高金融机构覆盖率和扩大金融服务人群方面具有一定的优势。因为北京具有特殊地理位置和政治地位，金融资源相对集聚，有着相对完善的发展平台，众多企业选择将总部和核心部门设置在北京，吸引全国各地的资金和人员。天津在北方金融中心中的综合竞争力仅次于北京，积极创新金融产品和金融服务，金融业已经成为该市的重要支柱产业，但因其近几年金融发展力度不足，产业结构调整失衡，金融发展情况与北京有不小的差距。河北的金融创新能力相对落后，盈利模式仍然以传统信贷产品为主，金融人才紧缺问题也日益凸显，这都导致三地的金融发展水平差距越来越大。

3. 金融发展机制不协调

从金融合作机制看，相较于国内其他城市群，京津冀城市群内部城市缺乏密切的利益联结和合理长久的合作方式。由于长期追逐地方利益，三地监管机构各自为政，未形成三地金融政策的统筹规划，金融机构之间的利益冲突造成金融市场人为分割，金融业得不到更好的发展。

二 京津冀城市群金融资源空间配置效率研究

（一）京津冀金融资源空间配置效率静态评价

1. 模型选择

本部分选择包络分析方法（DEA）对京津冀地区金融资源配置效率进

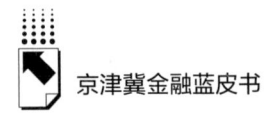

行评估，首先利用DEA基本模型进行分析，然后进一步利用超效率DEA模型进行分析。

2. 指标选取

本部分在选取指标时，把各城市金融机构（人民币）各项贷款余额作为资金的投入，因为资金是金融机构开展活动的前提；把各城市金融业从业人数作为人力的投入，因为人是金融活动开展的必要因素，决定了金融活动能否顺利进行；把金融业增加值作为产出指标（见表4），它反映了金融业创造的直接价值。

表4　金融资源配置效率评价指标体系

指标类型	维度	指标说明
投入指标	资金要素	金融机构各项贷款余额（亿元）
	人力要素	金融业从业人数（万人）
产出指标	效率产出	金融业增加值（亿元）

3. 实证结果与分析

（1）基于DEA基本模型的实证分析

我们使用DEAP 2.1软件对京津冀城市群各城市2008～2017年的金融资源配置效率进行测算，测算结果见表5。

表5　2008～2017年京津冀各城市金融资源配置综合技术效率

城市	综合技术效率TE										
	2008年	2009年	2010年	2011年	2012年	2013年	2014年	2015年	2016年	2017年	均值
北京	1.000	1.000	1.000	1.000	1.000	1.000	1.000	1.000	0.986	1.000	0.999
天津	0.891	1.000	1.000	1.000	1.000	1.000	1.000	1.000	1.000	1.000	0.989
石家庄	0.551	0.581	0.658	0.715	0.709	0.810	0.768	0.889	1.000	0.905	0.759
唐山	0.671	0.616	0.547	0.534	0.528	0.552	0.636	0.621	0.654	0.692	0.605
秦皇岛	0.759	0.755	0.680	0.658	0.641	0.555	0.508	0.589	0.592	0.628	0.637
邯郸	0.542	0.594	0.595	0.707	0.641	0.560	0.539	0.534	0.539	0.549	0.580
邢台	0.601	0.718	0.630	0.572	0.528	0.457	0.529	0.549	0.550	0.598	0.573

续表

城市	综合技术效率 TE										
	2008年	2009年	2010年	2011年	2012年	2013年	2014年	2015年	2016年	2017年	均值
保定	0.600	0.612	0.657	0.657	0.620	0.553	0.569	0.589	0.578	0.626	0.606
张家口	0.536	0.601	0.543	0.463	0.437	0.624	0.587	0.576	0.603	0.683	0.565
承德	0.787	0.764	0.684	0.630	0.597	0.585	0.827	0.777	0.777	0.857	0.729
沧州	1.000	0.868	0.699	0.576	0.538	0.457	0.583	0.705	0.705	0.751	0.688
廊坊	0.660	0.722	0.649	0.637	0.599	0.698	0.733	0.883	1.000	1.000	0.758
衡水	0.625	0.769	0.680	0.600	0.548	0.534	0.694	0.693	0.659	0.784	0.659

数据来源：DEA 模型测算数据整理后所得。

由表5可知，北京的金融资源配置综合技术效率值最高，十年的均值达到了0.999。天津的金融资源配置综合技术效率值次之，十年的均值达到了0.989，表明这两个城市金融资源配置效率处于有效的前沿。石家庄和与北京、天津毗邻的廊坊的综合技术效率值居河北省内前两位，分别为0.759和0.758，排在省内后两位的张家口和邢台均值分别为0.565和0.573。城市群中，河北省整体效率落后于北京和天津，存在较大的改进空间。

表6展示了2008~2017年京津冀各城市金融资源配置纯技术效率，针对本文的研究内容，纯技术效率代表各城市金融资源的运行效率与管理水平。由表6可知，京津冀城市群整体纯技术效率值比综合技术效率值有所提升，且北京、廊坊、衡水、天津、承德、张家口和秦皇岛七个城市的纯技术效率均值都达到了0.9以上，说明这些城市虽然有着不同的经济状况，但是可以做到因地制宜地实施金融业相关制度，管理水平也较高。但是与之相对比的其他城市纯技术效率值较低，应进一步提升管理水平。

表6 2008~2017年京津冀各城市金融资源配置纯技术效率

城市	纯技术效率 PTE										
	2008年	2009年	2010年	2011年	2012年	2013年	2014年	2015年	2016年	2017年	均值
北京	1.000	1.000	1.000	1.000	1.000	1.000	1.000	1.000	1.000	1.000	1.000
天津	0.957	1.000	1.000	1.000	1.000	1.000	1.000	1.000	1.000	1.000	0.996

续表

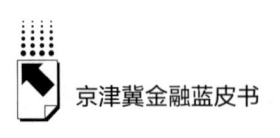

城市	纯技术效率 PTE										
	2008年	2009年	2010年	2011年	2012年	2013年	2014年	2015年	2016年	2017年	均值
石家庄	0.574	0.618	0.700	0.788	0.813	0.918	0.844	0.957	1.000	0.953	0.817
唐山	0.674	0.666	0.622	0.690	0.676	0.684	0.736	0.728	0.729	0.759	0.696
秦皇岛	0.924	0.945	0.929	0.975	0.988	0.913	0.860	0.885	0.956	1.000	0.938
邯郸	0.642	0.679	0.718	1.000	0.919	0.762	0.699	0.705	0.721	0.697	0.754
邢台	0.829	0.899	0.889	0.898	0.889	0.886	0.875	0.900	0.925	0.885	0.888
保定	0.642	0.699	0.782	0.824	0.830	0.771	0.668	0.720	0.698	0.716	0.735
张家口	0.918	0.972	0.964	0.941	0.932	1.000	0.948	0.944	0.956	1.000	0.958
承德	0.998	0.976	0.953	0.963	0.961	0.983	1.000	1.000	1.000	1.000	0.983
沧州	1.000	0.986	0.861	0.789	0.788	0.720	0.733	0.876	0.865	0.869	0.849
廊坊	1.000	1.000	1.000	1.000	1.000	1.000	1.000	1.000	1.000	1.000	1.000
衡水	1.000	1.000	1.000	1.000	1.000	1.000	1.000	1.000	1.000	1.000	1.000

数据来源：DEA模型测算数据整理后所得。

表7展示了2008～2017年京津冀各城市金融资源配置规模效率，代表各城市的金融资源实际规模与最优生产规模之间的差距。可以看出，所有城市的规模效率均值均小于1，处于前两位的是北京和天津，分别达到了0.999和0.993，非常接近有效状态。但是河北省内各城市效率较低，效率均值在0.900以上的只有省会石家庄一个城市，张家口的规模效率均值仅为0.590，反映了这些地区金融资源配置规模的不合理，应在生产规模上加以优化改进。

表7 2008～2017年京津冀各城市金融资源配置规模效率

城市	规模效率 SE										
	2008年	2009年	2010年	2011年	2012年	2013年	2014年	2015年	2016年	2017年	均值
北京	1.000	1.000	1.000	1.000	1.000	1.000	1.000	1.000	0.986	1.000	0.999
天津	0.930	1.000	1.000	1.000	1.000	1.000	1.000	1.000	1.000	1.000	0.993
石家庄	0.961	0.941	0.940	0.908	0.871	0.882	0.910	0.928	1.000	0.950	0.929

续表

城市	规模效率 SE										
	2008年	2009年	2010年	2011年	2012年	2013年	2014年	2015年	2016年	2017年	均值
唐山	0.996	0.925	0.879	0.774	0.781	0.806	0.864	0.853	0.898	0.911	0.869
秦皇岛	0.822	0.799	0.732	0.675	0.649	0.608	0.591	0.665	0.619	0.628	0.679
邯郸	0.845	0.874	0.830	0.707	0.697	0.735	0.772	0.757	0.747	0.788	0.775
邢台	0.725	0.799	0.709	0.636	0.593	0.516	0.605	0.609	0.595	0.676	0.646
保定	0.935	0.875	0.841	0.798	0.747	0.718	0.851	0.818	0.827	0.874	0.828
张家口	0.584	0.619	0.564	0.492	0.469	0.624	0.619	0.610	0.631	0.683	0.590
承德	0.789	0.783	0.718	0.654	0.621	0.596	0.827	0.777	0.777	0.857	0.740
沧州	1.000	0.880	0.812	0.730	0.683	0.635	0.795	0.805	0.815	0.864	0.802
廊坊	0.660	0.722	0.649	0.637	0.599	0.698	0.733	0.887	1.000	1.000	0.759
衡水	0.625	0.769	0.680	0.600	0.548	0.534	0.694	0.693	0.659	0.784	0.659

数据来源：DEA 模型测算数据整理后所得。

（2）基于超效率 DEA 模型的实证分析

由于 DEA 基本模型测得的最大结果为 1，无法对处于有效单元内的决策单元进行时间和个体角度的比较，所以引入超效率 DEA 模型。通过观察测算得到的超效率值可以发现，原本效率值为 1 的数据变得大于 1，如果测算的结果是 1.05，则意味着该决策单元再等比例增加 5% 的投入，在所有决策单元依然可以保持相对有效，但处于无效范围内的决策单元的效率值并不会发生改变。对个体数据分析发现，北京和天津的金融资源配置超效率均值大于 1，分别为 1.278 和 1.349（见表 8），达到了有效状态，其余城市超效率均值小于 1，处于无效状态，这与实际情况相符。廊坊的超效率值处于河北省首位，北京和天津作为直辖市吸引了大量的金融资源和人才，一定程度上也带动了周边相关城市的发展，如廊坊。从时间角度进行观察发现，2008～2017 年京津冀城市群金融资源配置效率均值始终处于 0.800 左右，整体水平较低，距离有效状态还有一定的差距。

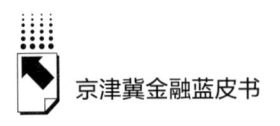

表8　2008～2017年京津冀各城市金融资源配置超效率值

城市	超效率值										
	2008年	2009年	2010年	2011年	2012年	2013年	2014年	2015年	2016年	2017年	均值
北京	1.502	1.409	1.542	1.372	1.276	1.212	1.208	1.142	0.986	1.133	1.278
天津	0.891	1.093	1.205	1.454	1.896	1.938	1.704	1.176	1.091	1.045	1.349
石家庄	0.551	0.581	0.658	0.715	0.709	0.810	0.768	0.889	1.083	0.906	0.767
唐山	0.671	0.616	0.547	0.534	0.528	0.552	0.636	0.621	0.654	0.692	0.605
秦皇岛	0.759	0.755	0.680	0.658	0.641	0.555	0.508	0.589	0.592	0.628	0.636
邯郸	0.542	0.594	0.595	0.707	0.641	0.560	0.539	0.534	0.539	0.549	0.580
邢台	0.601	0.718	0.630	0.572	0.528	0.457	0.529	0.549	0.550	0.598	0.573
保定	0.600	0.612	0.657	0.657	0.620	0.553	0.569	0.589	0.578	0.626	0.606
张家口	0.536	0.601	0.543	0.463	0.437	0.624	0.587	0.576	0.603	0.683	0.565
承德	0.787	0.764	0.684	0.630	0.597	0.585	0.827	0.777	0.777	0.857	0.729
沧州	1.012	0.868	0.699	0.576	0.538	0.457	0.583	0.705	0.705	0.751	0.689
廊坊	0.660	0.722	0.649	0.637	0.599	0.698	0.733	0.887	1.318	1.421	0.832
衡水	0.625	0.769	0.680	0.600	0.548	0.534	0.694	0.693	0.659	0.784	0.659
均值	0.749	0.777	0.751	0.737	0.735	0.733	0.760	0.748	0.780	0.821	—

数据来源：超效率DEA模型测算数据整理后所得。

（二）基于Malmquist指数分析金融资源配置效率

运用DEA基本模型和超效率DEA模型只能计算出城市群内各城市每年的相对效率，只能分析各城市的金融资源配置效率是否有效，却不能判断其变化的情况和原因。因此我们将使用Malmquist模型分析京津冀城市群金融资源配置效率的变化情况，结果如表9所示。

表9　2008～2017年京津冀城市群金融资源配置效率Malmquist指数及分解

期间	Malmquist指数	综合技术效率变化率	技术进步率	纯技术效率变化率	规模效率变化率
2008～2009年	0.889	1.048	0.848	1.029	1.018
2009～2010年	0.959	0.939	1.021	1.002	0.937
2010～2011年	1.022	0.964	1.061	1.044	0.923

续表

期间	Malmquist指数	综合技术效率变化率	技术进步率	纯技术效率变化率	规模效率变化率
2011~2012年	1.019	0.954	1.068	0.994	0.959
2012~2013年	1.059	0.995	1.063	0.984	1.011
2013~2014年	1.109	1.078	1.029	0.975	1.106
2014~2015年	1.050	1.049	1.001	1.034	1.015
2015~2016年	1.018	1.021	0.997	1.011	1.010
2016~2017年	0.984	1.053	0.934	1.002	1.050
均值	1.010	1.010	1.000	1.008	1.002

数据来源：Malmquist指数模型测算数据整理后所得。

1. 2008~2017年京津冀城市群Malmquist指数及其分解结果变动分析

总体来看，2008~2017年的规模效率增长0.2%，纯技术效率增长0.8%，共同构成综合技术效率1%的增长，为Malmquist指数总体增长的主要促进因素，而技术进步变动持平。可见，技术进步的状态减缓了Malmquist指数的增长态势，规模效率和纯技术效率提高了京津冀城市群金融资源配置的产出水平。

从纵向变动看，京津冀城市群的金融资源配置Malmquist指数在2008~2017年整体呈现增长趋势，但个别年份存在短期波动。其中，2010~2014年Malmquist指数平均增长率为5.18%，为增长最迅速的阶段，主要是技术进步促进了其增长，综合技术效率也起到了一定的作用。2015~2017年，综合技术效率增长比较明显，但技术进步率下降，导致Malmquist指数下降较大。究其原因，可能是2014年提出的"京津冀一体化"发展方案虽然使投入规模和资源配置结构得到一定提升，但在金融改革创新和一体化进程中仍然存在很多问题。

我们将Malmquist指数及其分解结果的变动趋势更为直观地显示在图中，如图4所示。可见Malmquist指数变动曲线受到综合技术效率和技术进步率的共同影响。

2. 2008~2017年京津冀各城市Malmquist指数及其分解结果变动分析

2008~2017年京津冀城市群内各城市Malmquist指数及其分解结果如表

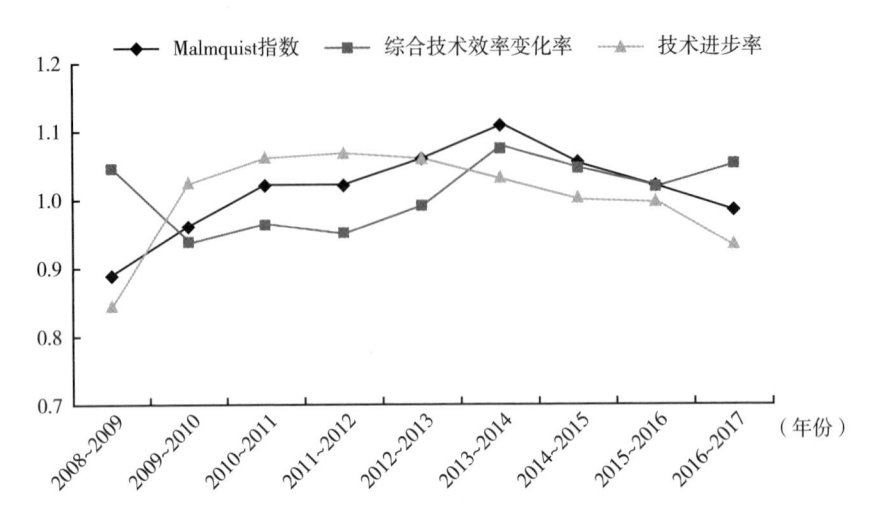

图 4 2008～2017 年京津冀城市群 Malmquist 指数及其分解结果

10 所示，其中大部分城市的 Malmquist 指数大于 1.000。从 Malmquist 指数分解来看，相比技术进步率，综合技术效率对各城市金融资源配置效率的影响更显著、更强。从各城市来看，天津、廊坊、石家庄、张家口 Malmquist 指数增长率都超过了 2%，排在城市群的前四位，且技术进步率、综合技术效率及其他分解指标各方面的表现均较为强劲，表明这些城市加快了金融改革创新，提高了资源使用效率，金融资源配置得到了优化。具体来说，张家口和廊坊 Malmquist 指数的增长主要来自综合技术效率和规模效率的大幅提升，石家庄大多源于综合技术效率和纯技术效率的提升，天津则源于综合技术效率和技术进步率的提升。沧州、秦皇岛排在最后两位，Malmquist 指数分别下降了 4% 和 2.9%，其他城市则保持相对平稳的状态。

表 10 2008～2017 年京津冀各城市 Malmquist 指数及其分解结果

城市	综合技术效率变化率	技术进步率	纯技术效率变化率	规模效率变化率	Malmquist 指数	排名
北 京	1.000	1.006	1.000	1.000	1.006	6
天 津	1.013	1.057	1.005	1.008	1.070	1
石家庄	1.057	0.997	1.058	0.999	1.053	3
唐 山	1.003	0.994	1.013	0.990	0.997	8

续表

城市	综合技术效率变化率	技术进步率	纯技术效率变化率	规模效率变化率	Malmquist指数	排名
秦皇岛	0.979	0.991	1.009	0.971	0.971	12
邯郸	1.001	0.995	1.009	0.992	0.997	8
邢台	0.999	0.995	1.007	0.992	0.994	11
保定	1.005	0.991	1.012	0.993	0.996	10
张家口	1.027	0.996	1.010	1.017	1.023	4
承德	1.009	0.991	1.000	1.009	1.001	7
沧州	0.969	0.991	0.985	0.984	0.960	13
廊坊	1.047	1.008	1.000	1.047	1.055	2
衡水	1.025	0.991	1.000	1.025	1.016	5
均值	1.010	1.000	1.008	1.002	1.010	

数据来源：Malmquist指数模型测算数据整理后所得。

三 京津冀城市群提升金融资源优化配置效率的对策建议

（一）加强顶层设计，做好统筹规划

为推动京津冀一体化顺利开展，要不断推进顶层设计，依据各地发展状况制定差异化金融政策，设立区域性金融机构，落实各部门协同合作，促进三地金融资源优化配置。

1. 加强区域协同合作，逐步实现一体化

为打破京津冀三地的潜在信息壁垒，应当构建信息共享机制，如搭建京津冀信息共享平台，由三地政府牵头，适当向地方政府分权，各大金融机构相互配合、协同合作，金融监管部门按照统一的标准，分层次、分类别整理各项金融数据。与此同时，设置意见交流论坛，协调信息共享过程中出现的问题，提升社会、企业、政府配合度，实现政银企之间信息互动，完善机制运行。依照"一核、双城、三轴、四区、多节点"的空间布局，北京率先实行金融资源共享，拉动天津在享受北京金融资源好处的同时，与北京合力

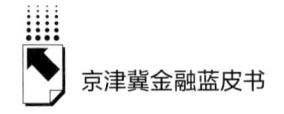

依托京津、京保石、京唐秦经济发展带共创共享优势资源，最终提升中部核心功能区、东部滨海发展区、南部功能拓展区、西北部生态涵养区、河北各地级市金融资源承载力，实现金融资源优化配置。

2. 建设区域金融机构，实现金融资源跨区流动

对于京津冀整体而言，缺乏统一的金融协调体系，因此可以考虑建设京津冀发展银行，由三地各出资一定比例作为京津冀地区共同发展基金，拓宽金融服务领域，逐步缩小三地金融服务落差。一方面，京津冀发展银行可作为中介担保主体，向河北省某些贷款难的地区提供信用担保，若被担保企业违约，京津冀发展银行需为贷款银行承担一部分违约费用，从而在一定程度上降低贷款银行损失风险，加快区域间资金流动。另一方面，京津冀发展银行可构建统一支付清算体系，政府、企业、银行通力合作，自下而上全面贯彻落实相关政策，借助非现金结算工具，加快货币使用权转移，提高三地支付清算体系的兼容度，提升支付清算效率，推动支付清算一体化改革。

3. 依托政府专门机构，制定切实可行的高层次金融人才引进战略

京津冀应逐步树立"区域金融一体化"理念，依据当地金融发展状况和产业定位，制定带有地区特色的高层次金融人才引进战略，充分考虑三地的地方特色与发展困境。例如，可通过设计积分卡，制定地区行业等级划分标准，将积分与优惠政策结合在一起，只有当人才达到某个积分时，才能够享受对应的优惠政策。各地人才可通过参加的项目以及产生的经济效益等不断累积积分，对于愿意到金融资源匮乏地区工作的人才，可以给予额外的积分作为奖励。

（二）以金融创新为动力，推动金融资源自由流动

自2014年以来，京津冀协同发展的主要任务就是要发挥发展金融创新在促进资源自由流动方面的引擎作用。金融创新包括金融制度、金融产品、金融业务的创新，以及金融人才管理的创新。

1. 金融制度创新

建立一个由中央统一领导的、高于三地地方政府的行政机构，它能站在更

公平的角度，因地制宜地完善发展战略，有计划、有组织地引导金融资源。另外，成立一个专门面向京津冀的监管部门，设定统一的标准化监管措施，由专业化人员任职，各地监管机构应当服从管理，共同实现对京津冀地区金融业务的监督管理。为解决信息不对称问题，各地监管机构应设置信息共享平台，及时上传并更新各地金融信息，以整体利益为目标，实现监管的有效统一与推进。

2. 金融产品创新

金融产品创新能够解决京津冀金融发展疲软的难题，为金融资源的自由流动提供多种渠道。一是银行业应结合区域具体情况推出加速区域成长的创新型金融产品，如中国建设银行天津分行推出"雄安新区支持贷款"金融产品等。二是大力发展企业直接融资市场——证券市场。根据企业的需求，推出新型公司债券，如创新创业债、项目收益债等，推动债券市场更好地为金融资源的自由流动服务。三是加快推出适合京津冀三地企业发展状况的保险产品，利用保险市场分散风险的功能，提高企业应对金融风险的能力，结合新冠肺炎疫情的影响创新性地完善保险市场。

3. 金融业务创新

构建O2O金融服务平台。随着电子商务的迅速发展，要尽快打造开放统一的京津冀商贸O2O交易平台，平台可以为商家和消费者创造更加畅通的沟通渠道，让商品的购买和支付过程更透明，这也推动了银行等金融机构与电商的密切合作。创新性地发展港口金融模式。天津和河北都拥有港口，这是巨大的资源优势。可以以项目为依托促使银行信贷、风险投资、国际资本在京津冀三地自由流动。同时支持企业发行债券或上市融资，探索设立海洋产业投资基金，探索涉海企业融资新模式。

4. 金融人才管理创新

首先，改善人才管理机制。三地应当依据自身发展需要，积极落实人才引进政策，为优秀的金融人才提供住房、基本医疗保障等优惠，健全金融人才的薪酬待遇、奖惩机制，在未来事业发展上给出更大的上升空间。其次，注重人才的培养。着重培养金融行业创新性强、实践能力强的人才。为了培养更多应用型金融人才，京津冀各个金融机构应该与高校加强合作，采取校企合作模式，解决金融人才不足的问题。可以考虑直接建立金融创新型人才培养基地，加强现有从业人员的在职教育，为京津冀协同发展提供强有力的支持。最后，建立开放的人才信息库。可以建立一个京津冀高端金融人才信息库，除了包括个人基本信息之外，还要加入毕业院校、研究方向等有针对性的信息，便于各地根据自己的需要来获取专业人才的信息，做到人才资源互享，实现金融人才的自由流动。

（三）建立协调机制，促进资源流动

市场是配置资源最有效的手段，这就需要我们完善市场机制。利率是金融市场运行状况的最真实反映，推进利率市场化，可以通过价格机制即利率体系将真实的价格反映给整个金融市场，进而传递给金融主体，推动投融资等行为的顺利开展，达到金融资源合理流动的目的。但考虑到京津冀区域发展的特殊性，仅依靠市场的作用又可能会出现市场失灵的情况，这就需要政府创造性地起到引导和调控的作用。除了"市场＋政府"的资源配置机制以外，可以构建协商机制，通过协商实现资源有效配置，以公认的社会道德和传统为基准，不仅可以对金融配置的主体起到道德约束作用，也可以降低交易成本和费用。

（四）疫情防控、金融优化"两手抓"

为更好地应对新冠肺炎疫情的影响，政府、金融机构、企业应通力合作，提供线上服务，创新金融产品，信贷政策倾斜，合理配置金融资源，实现区域上下转"危"为"机"。

1. 加快实体企业转型，优化线上供应链金融

疫情期间，金融机构可以利用公众号、企业网银等方式实现全流程线上操作，为客户提供开户、转账、实时答疑等服务。积极推行线上供应链金融，为困难企业开通绿色通道，减少企业融资时间，提高资金运行效率，保证企业正常运转。同时，设计线上供应链金融量化工具，确保企业、区域资金比例配置合理，避免金融资源的浪费。

2. 创新金融产品，提供优质金融服务

为提升区域内中小微企业复工复产信心，保险公司可开发防疫救助版以及复工版产品，银行可以为支持抗击疫情物资生产企业推出相应的信贷产品，提高信用风险敞口，省去担保、抵押环节，直接线上申请、审核，操作流程简单，资金迅速到位。对中小企业贷款提供财政贴息，适当降低利率水平，支持企业创新创业发展，提供企业续贷服务，做到不抽贷、不断贷、不压贷；对于即将到期的部分企业贷款，通过调整贷款展期、还款计划等方式，支持企业持续经营。对于疫情防控和民生保障的重点企业，一户一策制定贷款方案，提供特色化、专业化的金融服务。银行、保险机构相互合作，为复工复产企业提供免费线上医疗咨询服务，为企业提供医疗保障。

3. 深化政银合作，紧抓经济发展

政府和金融机构要基于京津冀实际状况，强化区域经济命运共同体意识，各地金融机构以高度使命感和责任心坚决贯彻落实上级部署的政策指令，借助信息共享平台积极与各级政府部门对接，与政府合力出资成立融资专项基金，开通专项融资渠道，对复工复产企业提供优惠信贷服务。三地政府也要相互配合，为京津冀地区复工复产"牵线搭桥"，增强对疫情防控的支持，深化金融服务，将金融资源合理配置到"战疫"重要领域。深化政银合作，实现财政政策和金融资源配置相互配合，政府采取积极的扩张性财政政策支持金融机构实施强有力的优惠措施，落实减税降费政策，更好地满足受疫情影响严重企业的融资需求，打出复工惠企组合拳，争取实现转"危"为"机"，为我国经济实现高质量发展保驾护航。

参考文献

[1] Kindleberger, C. P. *The Formation of Financial Centers: A Study in Comparative Economic History* [M]. Princeton University Press, 1974.
[2] Park Y. S., Musa Essayed, *International Banking and Financial Center* [M]. Boston: Clawer Academic Publishers, 1989.

［3］Dollar, D. and Wei, S. Das（Wasted）Kapital：Firm Ownership and Investment Efficiency in China［J］. *NBER Working Paper*, 2007, 13.

［4］Sheila C. D., Carlos J. R. Regional Finance：A Survey［J］. *Regional Studies*, 1997, 9.

［5］安强身、姜占英：《金融资源配置效率、TFP变动与经济增长——来自中国的证据（2003~2013）》，《金融经济学研究》2015年第3期。

［6］周立、胡鞍钢：《中国金融发展的地区差距状况分析（1978~1999）》，《清华大学学报》（哲学社会科学版）2002年第2期。

［7］万惠、侯光明、孔德成：《我国城市群金融产业集聚影响因素实证分析》，《金融理论与实践》2017年第9期。

［8］李俊霞、温小霓：《中国科技金融资源配置效率与影响因素关系研究》，《中国软科学》2019年第1期。

［9］欧永生：《我国城市群建设中的金融资源配置作用探讨》，《海南金融》2008年第8期。

［10］李嘉晓：《我国区域金融中心发展研究》，博士学位论文，西北农林科技大学，2007。

［11］刘慧：《金融生态环境与区域经济发展》，《黑龙江社会科学》2007年第3期。

［12］陈明华、刘华军、孙亚男：《中国五大城市群金融发展的空间差异及分布动态：2003~2013年》，《数量经济技术经济研究》2016年第7期。

B.12
京津冀金融资源区域流动情况分析

郑志瑛*

摘　要： 金融资源是推动一地经济发展的重要生产要素，随着金融对经济影响作用的增强，其越来越成为区域经济发展的重要依托。本文首先分析了经济基础、资金价格、金融环境等主要因素对金融资源区域间流动的影响，然后分析了京津冀金融资源区域流动状况，主要表现为津冀地区经济发展水平较低、贷款质量偏低、银行同业资金流出较多、企业直接融资较少、资金成本较高以及京津冀地区资金产出效率较低、银行存款资金流出较多等特点，在此基础上提出京津冀金融资源增加流入的建议，包括提高经济发展水平、提高资金利用效率、降低坏账水平等。

关键词： 金融资源　京津冀地区　资源流动

一　影响金融资源区域间流动的主要因素

不同区域之间金融资源的流动，看似纷乱，实则有序。影响区域金融资源流动的主要因素有以下三个。

（一）经济基础

经济基础是影响区域金融资源流动的最重要因素，一般以 GDP 增速衡

---

* 郑志瑛，邯郸银行党委书记、董事长，教授级高级经济师，享受国务院特殊津贴专家。

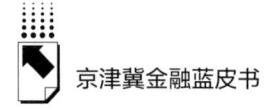

量一地的经济基础。经济对金融产生决定性的影响，不同区域的经济发展水平决定了其金融资源的总量、增速和结构。一般经济发展水平越高的区域，对金融资源的吸引力就越强，其存贷比、存融比与区域经济发展水平成正比。2010~2018年河北省的GDP增速居全国倒数第5位，2019年末河北省的存贷比、存融比分别居于全国倒数第4位、第11位，这表明，河北省滞后的经济发展水平导致其金融资源吸纳和承接能力不高；而较低的金融发展水平又反作用于经济，使经济发展进一步受到制约。

（二）资金价格

资金价格主要指利率水平，是影响区域金融资源流动的一个重要因素。在我国计划经济时期，利率水平由政府或央行决定，资金流动主要靠计划分配。在我国基本实现利率市场化后，利率水平因素逐渐成为影响区域金融资源流动的重要因素。然而，部分地区和企业对此认识尚不清晰，不愿意对紧缺的资金"出高价"，甚至妖魔化市场形成的高利率水平，从而导致大量资金向高利率地区转移。

（三）金融环境

不良资产率作为反映金融环境的主要指标，是影响区域间金融资源流动的一个重要因素，而不良贷款率是反映不良资产率的主要指标。金融机构一般对不良贷款率较高的区域采取从严审批贷款等限制性措施。

二 京津冀金融资源区域流动状况与存在的问题

京津冀区域作为我国北方重要的经济区，近年来协同发展取得明显成效。但三地也是各具区域特色、经济发展差异较大的地区，在金融资源流动上同样呈现不同的特点。从实证分析看，相对于全国乃至长三角（本文使用沪苏浙三省市数据）、珠三角（本文使用粤桂琼三省区数据）地区，京津冀地区相对表现出"经济发展水平低、资金产出效能低、贷款质量低、银行存款流出多、银行同业资金流出多、企业直接融资少、资金成本高"的

"三低两多一少一高"局面,与京津冀三地协同发展的国家战略要求不相称,与京津冀作为全国最发达三大经济区之一的地位不相称,与其金融业所需承担的"服务实体经济、防范金融风险、深化金融改革"任务要求不相称,仍需找准症结,加以改善。

(一)京津冀(主要为津冀)地区经济发展水平较低

据统计,2019年全国各省区市的GDP数据经国家统计局统一核定后,较2018年调减了0.4%~25.0%的省区市有7个,其中京津冀地区就有2个,河北省调减了2.5%,天津市调减了25.0%。对比后发现,长三角、珠三角六省区市未发生调减情况。2019年统计数据显示,京津冀三地GDP为8.5万亿元(见表1),相当于珠三角的63%,不足长三角的一半水平;京津冀地区GDP名义增速为-0.7%,大大低于全国、长三角、珠三角的10.1%、10.3%、9.6%。京津冀地区内部只有北京GDP名义增速为正,达16.7%,天津、河北经济发展问题较大。

表1 2019年京津冀、长三角、珠三角地区GDP情况

单位:亿元,%

地区	2018年	2019年	增量	名义增速
全国	900309	990865	90556	10.1
1. 京津冀	85140	84580	-560	-0.7
北京	30320	35371	5051	16.7
天津	18810	14104	-4705	-25.0
河北	36010	35105	-906	-2.5
2. 长三角	181472	200139	18667	10.3
上海	32680	38155	5475	16.8
江苏	92595	99632	7036	7.6
浙江	56197	62352	6155	11.0
3. 珠三角	122462	134217	11755	9.6
广东	97278	107671	10393	10.7
广西	20353	21237	885	4.3
海南	4832	5309	477	9.9

数据来源:全国和各省区市统计公报。

不考虑2019年河北、天津GDP数据调整情况,以2015~2018年京津冀地区经济增长状况来看,2015~2018年京津冀地区GDP年均增速为6.4%,而全国、长三角地区、珠三角地区的GDP年均增速分别为6.7%、7.2%、7.2%(见表2),相比之下,京津冀地区仍处于低经济增速水平。

表2 2015~2018年京津冀、长三角、珠三角地区GDP增速情况

单位:亿元,%

地区	2015年	2018年	年均增速
全国	676708	900309	6.7
1. 京津冀	69313	85140	6.4
北京	22969	30320	6.7
天津	16538	18810	5.4
河北	29806	36010	6.7
2. 长三角	137967	181472	7.2
上海	24965	32680	6.8
江苏	70116	92595	7.2
浙江	42886	56197	7.5
3. 珠三角	93318	122462	7.2
广东	72813	97278	7.3
广西	16803	20353	7.1
海南	3703	4832	6.8

数据来源:全国和各省区市统计公报。

(二)京津冀地区资金产出效率较低

资金产出效率指的是每单位社会融资规模增量所支撑的国内生产总值,采用社会融资规模增量与GDP之比来核算。每单位GDP所需要的社会融资规模增量越少,表明资金产出效率越高。从2019年京津冀资金产出效率对比情况来看(见表3),京津冀地区每元GDP需要社会融资规模增量0.31元,高于全国、长三角、珠三角0.26元、0.27元、0.27元的水平;京津冀地区每元GDP需要银行贷款2.33元,高于全国、长三角、珠三角的1.60

元、1.67元、1.55元，表明现阶段京津冀地区的资金产出效率较低，与其他地区相比仍有待提高。

表3 2019年京津冀、长三角、珠三角地区资金产出效率情况

单位：亿元，元

地区	GDP	社会融资规模增量	年末贷款余额	每元GDP占用社融增量	每元GDP用贷
全国	990865	256735	1586021	0.26	1.60
1. 京津冀	84580	25836	197075	0.31	2.33
北京	35371	14630	107486	0.41	3.04
天津	14104	2866	36141	0.20	2.56
河北	35105	8339	53448	0.24	1.52
2. 长三角	200139	54907	334924	0.27	1.67
上海	38155	8642	79843	0.23	2.09
江苏	99632	24104	133330	0.24	1.34
浙江	62352	22162	121751	0.36	1.95
3. 珠三角	134217	35627	208013	0.27	1.55
广东	107671	29190	167995	0.27	1.56
广西	21237	5484	30497	0.26	1.44
海南	5309	954	9521	0.18	1.79

数据来源：全国和各省区市统计公报、人民银行，北京贷款含驻京银行总行。

（三）京津冀地区银行存款资金流出较多

据统计，截至2019年末，京津冀地区的银行存款余额为27.61万亿元，银行贷款余额为16.68万亿元，两者相差高达约11万亿元。京津冀地区的存贷比为60.4%，低于全国、长三角、珠三角的80.0%、80.3%、76.0%。按照80.0%的全国存贷比水平来计算，京津冀地区成为我国银行存款流出最多的地区，少投放贷款数额达2.4万亿元，其中，以北京、河北两地银行流出的资金较多，天津的银行资金流入较多。

（四）京津冀（主要为津冀）地区贷款质量较低

近年来，天津、河北两地的不良贷款率增长较快。2015年末，两地不

良贷款率均低于全国平均水平，2016年开始上升，甚至高出全国平均水平。虽然2019年末不良贷款率有所下降，但仍处于2.2%以上的水平，高于全国2.02%和长三角0.97%、珠三角1.46%的水平（见表4）。

表4 2015~2019年京津冀、长三角、珠三角不良贷款率情况

单位：%

地区	2015年	2016年	2017年	2018年	2019年
全国	1.67	1.74	1.74	1.89	2.02
1. 京津冀	1.10	1.27	1.32	1.38	1.32
北京	0.84	0.55	0.51	0.34	0.55
天津	1.60	1.79	2.30	2.59	2.29
河北	1.18	1.87	1.99	2.63	2.21
2. 长三角	1.78	1.55	1.29	1.08	0.97
上海	1.01	0.68	0.60	0.79	0.93
江苏	1.55	1.42	1.30	1.21	1.04
浙江	2.50	2.26	1.70	1.15	0.91
3. 珠三角	1.49	1.42	1.32	1.69	1.46
广东	1.43	1.38	1.30	1.36	1.20
广西	2.18	1.91	1.60	2.63	2.23
海南	0.69	0.73	0.80	4.20	3.60

注：2015~2017年为"商业银行"口径；2018~2019年为"银行业"口径。
数据来源：银监会年报，银保监会、人行统计信息。

（五）京津冀（主要是津冀）地区银行同业资金流出较多

银行同业融资具有单笔金额大、合同约束强、市场化程度高等特点，包括发行同业存单、同业拆借等。由于京津冀地区存贷比较低，银行业富余资金较多，在拆借市场上主要是资金拆出操作。由于同业拆借数据获得不便，本文重点观察京津冀地区"银行同业存单"发行情况。表5显示，相对于长三角、珠三角，天津、河北银行同业存单发行规模较小、期限较短、利率较高。

表5 2019年京津冀、长三角、珠三角银行同业存单发行情况

地区	发行规模（亿元）	加权年限（年）	加权利率（%）
全国	179514	0.58	3.07
1. 京津冀	54399	0.63	3.09
北京	44838	0.68	3.07
天津	6646	0.40	3.17
河北	2915	0.40	3.25
2. 长三角	50283	0.49	2.98
上海	26826	0.49	2.93
江苏	11149	0.55	2.99
浙江	12308	0.45	3.07
3. 珠三角	19962	0.60	3.07
广东	18106	0.61	3.04
广西	1766	0.50	3.31
海南	90	0.62	3.81

数据来源：Wind资讯。

（六）京津冀（主要为津冀）地区企业直接融资较少

2019年，天津市、河北省两地的上市公司从股票市场上募集的资金规模仅为260亿元，仅占全国的2.8%，大大低于2019年津冀GDP占全国5.0%的水平，表明津冀两地股市融资相对滞后。

2019年，天津、河北企业募集各类债券资金4177亿元，仅占全国的4.5%，同样低于2019年两地GDP占全国5.0%的水平，更大大低于江苏、浙江、广东的发债规模（见表6）。

表6 2019年京津冀、长三角、珠三角企业债券发行情况

单位：亿元，%

地区	发行规模	加权利率
全国	91806	4.28
1. 京津冀	26293	3.55
北京	22116	3.36

续表

地区	发行规模	加权利率
天津	2248	4.36
河北	1929	4.83
2. 长三角	20832	4.38
上海	5989	3.44
江苏	9573	4.76
浙江	5270	4.76
3. 珠三角	9165	3.89
广东	7879	3.69
广西	1076	5.04
海南	210	5.60

注：企业债包括一般企业债、一般公司债、私募债、中票、短融、超短融、定向工具。
数据来源：Wind 资讯。

由于天津、河北主要依赖传统银行业金融机构的贷款，而从股市、债市等资本市场中吸纳的直接融资相对较少，不利于两地优化金融资源配置、构建发达的资本市场，也会对优质市场主体的培育产生诸多不利影响。

（七）京津冀（主要为津冀）地区资金成本较高

利率水平即资金成本的高低，是区域经济发展水平、企业经营状况、资金供求状况、社会信用环境的综合反映。根据数据可获得性、指标可比性情况，本文选取 AAA 级企业债券利率、1 年期银行同业存单利率以及普惠小微企业贷款利率分析利率水平。

2019 年，天津、河北 AAA 级企业债券利率分别为 3.82%、4.48%（见表7），明显高于全国 3.59% 和长三角 3.31%、珠三角 3.53% 的水平。同时，天津、河北 AAA 级企业债券的发行规模也明显低于上海、广东、江苏。

表7 2019年京津冀、长三角、珠三角AAA级企业债券利率情况

单位：亿元，%

地区	发行规模	加权利率
全国	58961	3.59
1. 京津冀	23338	3.35
北京	20306	3.24
天津	1685	3.82
河北	1347	4.48
2. 长三角	9299	3.31
上海	5206	3.25
江苏	2809	3.34
浙江	1284	3.46
3. 珠三角	7431	3.53
广东	6754	3.44
广西	514	4.20
海南	163	5.13

数据来源：Wind资讯。

2019年，河北各城商行1年期同业存单加权利率为3.43%（见表8），高于全国3.31%和长三角3.25%、珠三角3.39%的水平；河北农商行没有发行同业存单。天津农商行加权利率为3.46%，高于全国3.37%和长三角3.28%、珠三角3.25%的水平。同时，在1年期城商行同业存单发行规模上，天津、河北两地也低于江苏、浙江、广东甚至广西。

表8 2019年京津冀、长三角、珠三角1年期银行同业存单发行情况

单位：亿元，%

地区	城商行发行规模	加权利率	农商行发行规模	加权利率
全国	23908	3.31	4025	3.37
1. 京津冀	3562	3.19	510	3.32
北京	2942	3.15	272	3.19
天津	209	3.27	238	3.46
河北	411	3.43		
2. 长三角	6240	3.25	562	3.28
上海	282	3.15	124	3.15

续表

地区	城商行发行规模	加权利率	农商行发行规模	加权利率
江苏	3748	3.20	385	3.31
浙江	2210	3.36	53	3.32
3. 珠三角	1644	3.39	809	3.25
广东	1203	3.31	805	3.25
广西	419	3.58		
海南	22	4.08	4	3.76

数据来源：Wind 资讯。

普惠小微企业贷款是指单户低于1000万元的小微企业贷款和个人经营性贷款。2020年6月末，天津、河北银行业金融机构普惠小微企业贷款利率平均为6.11%，高于全国5.94%和长三角5.27%、珠三角5.11%的水平（见表9）。

表9　2020年6月末京津冀、长三角、珠三角普惠小微企业贷款利率对比

单位：%

地区	贷款利率
全国	5.94
1. 京津冀	5.71
北京	4.91
天津	5.88
河北	6.33
2. 长三角	5.27
上海	4.69
江苏(3月末)	5.40
浙江(7月末)	5.73
3. 珠三角	5.11
广东	4.85
广西	5.51
海南	4.98

数据来源：腾讯网、新浪财经、相关银保监局公开资料。

依据上述分析，整体而言，京津冀地区的利率水平整体偏高，同时实体经济发展的财务负担相对较重。

三 增加京津冀金融资源流入的政策建议

当前,京津冀地区需要加大引入金融资源,促使经济更快更好地发展,为此,要从以下几方面做起。

(一)提高经济发展水平

经济发展是带动资源集聚的重要核心竞争力,也是区域建设的根本途径。因此,京津冀地区要提高发展质量,攻克相关难题,激活政策红利。

1. 加快完成区域协调的部署

针对京津冀地区当前的发展机会和整体的部署定位,首先做好疏解北京非首都功能的相关工作,同时进一步推动雄安新区的规划建设,优化区域整体布局和结构,使三地协同实现高速发展。

2. 着重优化经济结构

京津冀三地在不同程度上还存在产能过剩的问题,因此要从产业链的角度进行改善,延伸产业链,同时着力将品牌建设好,提高质量、效率等,努力拓展市场,将劣势变成优势。对于成长性较好、较有潜力的公司,重点帮助其解决资金等相关难题,促进其发展升级。

3. 提前规划更多的项目

通过项目落地才能更好地带动资源的有效利用以及实体经济的发展。在"十四五"时期,京津冀地区需要提前布局、认真谋划、部署好重大项目,形成项目储备。

4. 持续推进国企改革

京津冀地区国有经济占比较大,国企改革任重而道远,需要积极解决的问题比较多,金融资源的效率难以提高,因此要持续推进国企改革,做好顶层设计。

5. 支持民营经济快速发展

民营经济大力发展才能促进金融资源利用效率,吸引资金流入。因此,

要帮助民营经济主体解决土地、资金、门槛、服务等方面的困难，持续优化营商环境，促进民营经济快速发展。

6. 形成崭新的发展格局

作为北方重要的经济区域，京津冀地区在国内大循环的格局中，要做好招商引资、项目落地、资金引流工作，尤其要盘活金融资源，吸引总部经济和分支机构设立，利用三地不同的定位，形成崭新的发展格局。

（二）提高资金利用效率

在大力推进利率市场化后，利率的发展更加遵从市场的发展需要，资金会流向效益更好的地方。为了能够有效利用资金，需要从以下三方面着手：一是改变对于资金的态度，要学会利用资金的方式和渠道，改变固有的资金获取观念；二是要提高资金的使用效率，使资金保值增值，是获取资金的有效渠道；三是提高沟通效率，帮助企业与银行构建沟通的平台，做好协调，提高放款速度。

（三）降低坏账水平

商业银行对区域经济的发展具有至关重要的作用，不仅能够给实体经济提供资金支持，而且作为营利性机构，是重要的价值创造者，因此需要降低商业银行的坏账水平，优化金融生态。

1. 降低坏账水平

当前，津冀两地商业银行的坏账水平还是比较高的，面临各种内外部经济和环境压力，坏账水平还可能进一步上升，因此需要从法律、经济、市场、社会等方面共同施策，协助商业银行降低坏账水平，提高资金利用率。

2. 优化金融生态

将金融生态的建设要求细化成为指标，对这些指标进行考量和评价，纳入一定的考核，助力区域金融生态的建设，促进金融资源的流动以及聚集，为实体经济的发展注入活力与动力。

B.13 天津建设金融创新运营示范区战略研究

课题组*

摘　要： 随着我国经济进入新时代，金融创新在发展新经济模式、优化资源配置上的重要作用日益显现。深化金融改革开放和进行供给侧结构性改革，平衡好经济增长与风险防范之间的关系，高质量服务实体经济发展，是国家对金融业发展的要求。当前，天津市根据《京津冀协同发展规划纲要》明确提出天津要建设"金融创新运营示范区"，以便实现金融创新在经济发展中的支撑保障作用，促进天津市经济转型升级和效益提升。本报告分析了天津建设金融创新运营示范区的背景和目标、成就与不足，并在此基础上提出天津建设好金融创新运营示范区的政策建议，包括重视"运营"、"创新"和"示范"，增强金融服务实体经济的能力，促进金融体系结构优化调整。

---

* 课题组负责人：刘澜飚，成员：范小云、王博、李泽广、何青、张靖佳、段月姣、李晓。刘澜飚，南开大学金融学院教授、博士生导师，研究方向：金融改革创新、区域经济；范小云，南开大学金融学院常务副院长、教授、博士生导师，研究方向：区域经济、金融改革；王博，南开大学金融学院国际金融研究中心主任、教授、博士生导师，研究方向：货币理论与政策、国际金融；李泽广，南开大学金融学院副教授，研究方向：国际金融、金融改革；何青，南开大学金融学院副教授、硕士生导师，研究方向：公司金融、金融改革；张靖佳，南开大学 APEC 研究中心副研究员，研究方向：国际金融、宏观经济政策；段月姣，南开大学金融学院助理教授，研究方向：金融改革创新、区域经济；李晓，南开大学金融学院讲师，研究方向：金融大数据分析与行为金融、实证会计、特质波动率与资产定价、加密货币。

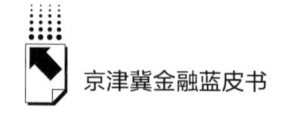

关键词： 天津　金融创新运营示范区　金融供给侧结构性改革

一　天津建设金融创新运营示范区的背景和目标

2015年9月15日，天津市委十届七次全会审议通过《天津市贯彻落实〈京津冀协同发展规划纲要〉实施方案（2015—2020年）》，将金融创新运营示范区定位为借重首都优质金融资源，依托自贸试验区金融创新实践，集聚金融机构，创新传统金融，大力发展新型金融，做大做强要素市场和运营平台，集成全球先进金融产品、工具和服务模式先行先试，服务京津冀实体经济发展，打造创新活跃、运营高效、环境优越的金融创新运营示范区。

（一）天津建设金融创新运营示范区的背景：基于国家发展战略的定位

在国家各个发展战略部署下，天津获得了重要的历史机遇，为全面实现城市功能定位、实现金融创新运营示范区目标，创造了难得的机遇和条件，也为天津与国内省区市间的合作创造了极大的条件。

1. 京津冀协同发展战略

近年来，京津冀交流合作频繁，围绕协同发展形成了多个合作发展协议。国家"十二五"规划提出推进京津冀区域经济一体化发展，打造首都经济圈。在此规划的推动下，京津冀三地逐渐形成了有效、互补的合作模式，原有的资源环境瓶颈得到进一步突破，开启了三地经济社会协同发展的新篇章。2015年4月，中央出台《京津冀协同发展规划纲要》，三个地区的功能定位得到明确界定，北京定位于"全国政治中心、文化中心、科技创新中心、国际交往中心"；天津定位于"金融创新运营示范区、北方国际航运核心区、全国先进制造研发基地、改革开放先行区"；河北定位于"产业转型升级试验区、全国现代商贸物流重要基地、京津冀生态环境支撑区、新型城镇化与城乡统筹示范区"。从金融角度而言，即加强北京的金融管理功能、强化天津的金融创新运营功能、增强河北的金融后台服务功能。借力北京的金融决策信息中心和天津的金融创新运营示范区，向河北省拓展其他金融功能，最终形成多核心、多层次、多功能的北方金融中心。

2. 天津自贸试验区战略

2015年4月，为全面有效推进自贸试验区建设，国务院印发《中国（天津）自由贸易试验区总体方案》（以下简称《方案》）。2015年4月21日，天津自贸区正式挂牌。天津自贸区承担着为国家试制度、为地方谋发展的使命。

天津自贸区的战略定位为：以制度创新为核心任务，以可复制可推广为基本要求，努力成为京津冀协同发展高水平对外开放平台、全国改革开放先行区和制度创新试验田、面向世界的高水平自由贸易园区。总体目标为：经过三至五年改革探索，将自贸试验区建设成为贸易自由、投资便利、高端产业集聚、金融服务完善、法制环境规范、监管高效便捷、辐射带动效应明显的国际一流自由贸易园区，在京津冀协同发展和我国经济转型发展中发挥示范引领作用。从金融发展角度提出以下发展方向。

第一，深化金融领域开放创新。深化金融体制改革，实施业务模式创新，培育新型金融市场，加强风险控制，推进投融资便利化、利率市场化和人民币跨境使用，做大做强融资租赁业，服务实体经济发展。

第二，推进金融制度创新。开展利率市场化和人民币资本项目可兑换试点。将自贸试验区内符合条件的金融机构纳入优先发行大额可转让存单的机构范围，在自贸试验区内开展大额可转让存单发行试点。区内试行资本项目限额内可兑换，符合条件的区内机构在限额内自主开展直接投资、并购、债务工具、金融类投资等交易。深化外汇管理改革，将直接投资外汇登记下放银行办理，外商直接投资项下外汇资本金可意愿结汇，进一步提高对外放款比例。提高投融资便利化水平，解决自贸试验区内企业特别是中小企业融资难、融资贵问题，统一内外资企业外债政策，建立健全外债宏观审慎管理制度。放宽区内企业在境外发行本外币债券的审批和规模限制，所筹资金根据需要可调回区内使用。

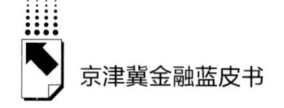

推动跨境人民币业务创新发展，鼓励在人民币跨境使用方面先行先试，鼓励企业充分利用境内外两种资源、两个市场，实现跨境融资自由化。支持跨国公司本外币资金集中运营管理。支持自贸试验区内符合条件的单位和个人按照规定双向投资于境内外证券期货市场。支持通过自由贸易账户或其他风险可控的方式，促进跨境投融资便利化和资本项目可兑换的先行先试。

探索在自贸试验区内建立金融消费者权益保护协作机制以及和解、专业调解、仲裁等金融纠纷司法替代性解决机制，鼓励金融行业协会、自律组织独立或者联合依法开展专业调解，建立调解与仲裁、诉讼的对接机制，加大金融消费者维权支持力度，依法维护金融消费者合法权益。支持建立健全证券投资消费者教育服务体系，积极创新自贸试验区特色的多元化证券投资消费者教育产品和方式。

第三，增强金融服务功能。推动金融服务业对符合条件的民营资本全面开放，在加强监管前提下，允许具备条件的民间资本依法发起设立中小型银行等金融机构。支持在自贸试验区内设立外资银行和中外合资银行。条件具备时适时在自贸试验区内试点设立有限牌照银行。对中小型金融机构实行差别化管理。在完善相关管理办法，加强有效监管前提下，允许自贸试验区内符合条件的中资银行试点开办外币离岸业务。鼓励金融机构积极开展动产融资业务，利用动产融资统一登记平台，服务中小企业发展。支持商业保理业务发展，探索适合商业保理发展的外汇管理模式。开展人民币跨境再保险业务，培育发展再保险市场。支持在自贸试验区内设立专业机构，开展巨灾保险试点工作。逐步允许境外企业参与商品期货交易。

第四，提升租赁业发展水平。率先推进租赁业政策制度创新，形成与国际接轨的租赁业发展环境。加快建设国家租赁创新示范区。在自贸试验区的海关特殊监管区域内，支持设立中国天津租赁平台，推进租赁资产公示等试点。支持设立中国金融租赁登记流转平台，推进租赁资产登记、公示、流转等试点。统一内外资融资租赁企业准入标准、审批流程和事中事后监管，允许注册在自贸试验区内由天津市商务主管部门准入的内资融资租赁企业享受与现行内资融资租赁试点企业同等待遇。支持符合条件的金融租赁公司和融资租赁公司设立专业子公司。支持金融租赁公司和融资租赁公司在符合相关规定前提下，设立项目公司经营大型设备、成套设备等融资租赁业务，并开展境内外租赁业务。经相关部门认可，允许融资租赁企业开展主营业务相关的保理业务和福费廷业务。支持租赁业境外融资，鼓励各类租赁公司扩大跨境人民币资金使用范围。对注册在自贸试验区海关特殊监管区域内的融资租赁企业进出口飞机、船舶和海洋工程结构物等大型设备涉及跨关区的，在确保有效监管和执行现行相关税收政策前提下，按物流实际需要，实行海关异地委托监管。

第五，建立健全金融风险防控体系。建立金融监管协调机制，完善跨行业、跨市场的金融风险监测评估机制，加强对重大风险的识别和系统性金融风险的防范。完善对持有各类牌照金融机构的分类监管机制，加强金融监管协调与合作。探索建立跨境资金流动风险监管机制，对企业跨境收支进行全面监测评价，实施分类管理。强化外汇风险防控，实施主体监管，建立合规评价体系，以大数据为依托开展事中事后管理。做好反洗钱、反恐怖融资工作，防范非法资金跨境、跨区流动。

3. 国家自主创新示范区建设

国家自主创新示范区是国家发挥示范区先行先试、降低试错成本的积极尝试，是我国科技工作者探索自主创新战略和培养创新人才的"试验地"和"栖息地"。目前，国务院已批复了21个国家自主创新示范区。2014年12月，天津国家自主创新示范区获国务院批复。早在2006年天津滨海新区开发开放纳入国家发展战略初期，天津就开始着手探索建立以科技创新为核心内容的国家自主创新示范区事宜，虽然名称不同，但在发展思路、发展方式和发展措施方面已有所体现。2015年2月，天津国家自主创新示范区揭牌。2016年1月，科技部正式印发《天津国家自主创新示范区发展规划纲要（2015—2020年）》，确定了天津国家自主创新示范区"一区二十一园"的发展新格局，提出构建全链条科技金融服务体系。（1）构建多元化、多层次资本市场。统筹发挥社会资本、政府引导基金、财政资金等多元资本的力量，完善天使投资、风险投资、股权投资等全链条科技金融服务。积极申报国家创业投资子基金，加快推动产业基金促进科技成果产业化。完善政府引导基金"母基金+子基金"的管理运作机制，放大政府资金撬动社会资本的乘数效应，完善社会资本投融资服务激励政策。（2）集聚金融服务机构和服务平台。做强运营集聚载体，提升区域金融发展活力。支持小额贷款公司发展，支持商业银行在示范区建设面向科技型中小企业的科技支行。引进一批P2P等新型金融服务机构。大力发展融资租赁，设立中国金融租赁登记流转平台。承接首都电子银行、数据中心等后台服务机构。释放科技金融服务中心、中小企业股权融资服务平台、企业债权融资服务平台等存量平台的服务能量。（3）积极开展金融服务创新先行先试。大力发展股权质押融资，建立知识产权质押融资市场化风险补偿机制，简化知识产权质押融资流程。推动落实天津市科技型中小企业信用贷款风险补偿金试点工作。支持发展小额贷款保证保险等科技保险及再保险，推进专利保险试点。加快建设中小企业信用体系试验区。争取在国内率先建立推荐性金融服务外包行业标准体系。

2020年5月，天津市发布《天津国家自主创新示范区条例》，提出示范区建设应当推进自主创新，保障和促进高新技术产业发展，服务京津冀协同发展，打造创新主体集聚区、产业发展先导区、转型升级引领区和开放创新示范区，建成具有国际竞争力的产业创新中心和国家重要的区域创新中心。示范区建设应当坚持创新体制机制、发展实体经济、提升开放水平、推动绿色发展，营造崇尚创新、合作协同、开放包容的环境，健全以企业为主体、市场为导向、产学研深度融合的创新体系，保护创新主体合法权益，激发全社会创新活力。因此，需要提供以下金融支持。天津市人民政府有关部门应当支持科技保险、互联网银行等金融持牌机构和创业投资机构在示范区注册或者设立分支机构，支持在科技金融产品、服务模式等方面的创新。鼓励各类引导基金支持示范区科技型企业发展；示范区管委会通过建立贷款风险补偿机制等方式，为金融机构对示范区内企业开展知识产权质押、信用贷款、信用保险、贸易融资、产业链融资等提供支持；鼓励企业开展股份制改造和挂牌上市，支持企业开展股份转让、融资、并购等，利用多层次资本市场加快发展；鼓励商业银行在示范区设立科技金融专营机构；鼓励相关服务机构和组织在示范区建设科技金融服务平台，开展信息对接、金融资源集聚和整合等活动。

4. 环渤海地区合作发展

为加快环渤海地区合作发展，2015年9月，《环渤海地区合作发展纲要》获国务院批复。这是推进"一带一路"建设、京津冀协同发展等国家重大倡议和区域发展总体战略的重要举措，事关国家改革开放和区域协同发展大局。区域金融合作将有助于环渤海地区的互利共赢。充分发挥区域金融资源优势，运用环渤海区域金融合作联席会等平台，推进区域金融资源优化配置，促进金融管理模式创新和金融服务水平提升，逐渐形成良好的区域金融发展环境。加强在金融产品、金融业务、金融企业、金融环境和金融信息等方面的交流协作，推进形成区域内经济金融间合作的良性互动、共同发展。强化北京金融管理功能，支持天津探索金融服务创新，大力引进国际一流金融机构，积极培育金融新业态，提升金融服务效率和扩大金融服务范围。

5. 将天津金融创新运营示范区建设融入"一带一路"建设

基于天津市优越的地理位置优势和较好的金融发展基础，天津可以构建国际化的融资租赁资产交易市场，服务京津冀三地经济发展乃至"一带一路"建设；可以组建与"一带一路"建设相适应的产业投资基金，将其与共建"一带一路"国家相关产业经济实现有机结合，促进天津市的产业投资基金业成为服务"一带一路"建设的重要支点；争取使天津市成为国家丝路基金的重要运营中心，从而促进天津金融创新运营示范区建设取得良好的发展成果。

（二）天津金融创新运营示范区建设的目标

天津金融创新运营示范区建设的目标在于，通过金融创新运营能力的全面提升、服务辐射功能作用的全面增强，充分发挥好示范引领作用，推进金融市场、金融机构、金融业务以及金融工具等进一步创新，促使各类金融要

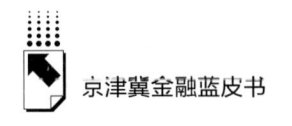

素在区域内集聚运营，为实体经济发展提供强大的支撑。

1. 中期目标——金融创新运营示范区基本形成

为有序有效推动金融创新运营示范区建设，2019年9月30日天津市印发《中国（天津）自由贸易试验区创新发展行动方案》，提出增强创新金融和产业金融的服务辐射作用。逐步放宽金融业的业务范围和外资准入限制，贯彻落实国家关于扩大金融开放的战略部署，放宽或取消业务范围、经营年限、外资股东、股比等方面的限制。加大力度培育国际化要素市场，扩大大型设备、船舶、飞机等租赁资产登记、公示、流转的试点工作，推进保理资产交易等业务的开展。支持融资租赁外汇配套政策试点、国际产融结合示范区建设以及数字经济、供应链金融等产业试点的开展。支持自贸区在协调监管和合作监管的基础之上，开展金融综合监管试点工作，以切实加强金融风险防控水平。支持以大数据、人工智能、区块链技术创新金融监管工具。坚持以创新式思维在国际化视野下统筹谋划改革创新，在"中心开花、四周辐射"的理念下，积极打造新时代改革开放新高地。

《天津市贯彻落实〈京津冀协同发展规划纲要〉实施方案（2015—2020年）》提出，通过加大在传统金融、新型金融以及金融要素市场、发展环境、产品工具等方面的持续改革创新力度，并促进其集聚运营，使天津金融业在重点领域和关键环节尽快取得明显突破，促进金融创新与区域协同发展、经济转型升级良性互动，力争到2020年末，基本建成在全国具有重要影响力的，具有优越环境、高效运营、明显实效、创新活跃特征的金融创新运营示范区，为全国范围内深化金融体制改革、推进区域协同发展形成良好的示范效应。

2. 长期目标——立足天津、辐射京津冀、服务全国、面向世界的金融改革创新示范基地

围绕市场在资源配置中的决定性作用，全面深化金融业改革开放，推动金融产品创新、过程创新和服务辐射，成为提供创新型金融产品和服务的中枢城市。按照科学、审慎、风险可控的原则，建立职能完善、功能健全的金融运营体系，以传统金融、产业金融以及现代金融为主的金融创新体系，风

险可控、规范有序、依法治理的金融市场体系，符合市场化和国际化发展需求的金融服务体系，以及法律法规与司法裁判相结合的金融法律规范体系，着力打造区域性金融要素市场中心、资金结算中心、融资租赁中心、股权基金管理服务中心和于家堡现代金融集聚区，建设立足天津本地、辐射京津冀三地、服务全国的金融改革创新示范区。逐步加强与北京、河北地区的互联互动，不断拓宽在优化金融生态环境、建设金融要素市场、维护金融安全稳定、推动金融产品创新、完善金融组织体系等各个领域的协作，争取在更大范围内发挥金融的作用和功能。

到2030年，天津将建成具有国际领先水平的现代金融市场体系，积极参与中国乃至区域金融行业相关制度的制定与创新，打造具备全球影响力的国际金融中心和离岸金融中心，充分发挥好金融对区域经济的聚集作用和深度辐射作用。

二 天津金融创新运营示范区建设的成就、不足

（一）建设天津金融创新运营示范区的成就

近年来，天津市推出金融服务实体经济创新产品近600项，天津自贸区金融改革30条措施全部落地，融资租赁业务一直保持全国领先，资产总额占比超过全国的1/4。国际航运、船舶、飞机等租赁业务规模占比均达到全国的80%以上。天津市积极推进国家租赁创新示范区建设，加快租赁业发展升级，在金融租赁、融资租赁方面形成了一些可复制、可推广的经验。

1. 天津自贸试验区金融创新示范作用

自挂牌以来，天津自贸区的金融改革创新发展取得了显著成效。当前，天津自贸区已全面落地"金改30条"政策。据统计，截至2019年8月，天津自贸区内主体新开立的本外币账户已累计达到7.5万余个，办理跨境人民币结算共计3946.2亿元人民币，跨境收支总额和结售汇总额分别达2009.9亿美元、877.9亿美元，金融创新效应逐步显现，开放型社会经济得到进一

步发展。人民银行天津分行于2020年9月发布了《中国（天津）自由贸易试验区分账核算业务管理实施细则（试行）》，对自贸区内的自由贸易账户进行进一步规范管理。此外，天津市在租赁创新方面取得实质性进展，在租赁公司外债意愿结汇以及联合租赁等方面创造了多个全国"第一"或"首单"，充分发挥了天津租赁这一优势产业的辐射效应。

天津自贸试验区90项改革任务和两批175项制度创新基本完成，国际贸易单一窗口等15项创新经验在全国复制推广，自贸区深改方案获国家批复，128项任务已完成77项；天津国家自主创新示范区出台了"加快创新创业载体建设的48条政策"等一系列政策，飞腾CPU、麒麟操作系统、曙光计算机等领军项目纷纷落户。

2. 强化天津"一基地三区"功能定位

近年来，随着新型金融业在全国范围内的兴起和壮大，天津金融业也快速成长起来，逐步建立起了金融全牌照体系。在2015年发布的《京津冀协同发展规划纲要》中，天津被给予"一基地三区"的功能定位，金融创新运营示范区成为天津市一张亮丽的名片。

一直以来，天津金融创新运营示范区建设积极推动金融举措创新，敢于先行先试，为服务国家重大战略和支持地方经济发展不懈努力。近年来，京津冀建立起了相应的协调机制，将做好机制建设作为工作重点，创新探索出了新的三地金融监管协作模式，共同推进金融改革创新、执行货币政策、提供金融服务、维护金融稳定。在各方积极推动下，北京、天津、河北三地人民银行、地方金融局以及银行间市场交易商协会签署了"七方协议"，积极推进天津市绿色债券的发行，为三地企业融资发展提供了大力支持。全力推进天津市"一基地三区"的功能定位建设，三地联合在生态、交通和产业等建设领域加大金融合作力度，及时适度优化调整金融机构的产业布局，着力发展信用担保、异地存储、账户管理以及支付清算等金融同城化业务。据统计，截至2019年6月末，天津市涉及金融支持京津冀三地协同发展的项目资金总额达到4508亿元，占比达到同期全市银行业金融机构表外融资和贷款总额的7.84%，与2018年末相比，提高了0.3个百分点。

天津制定加快实现"一基地三区"定位的项目化清单化支撑体系实施方案，实施战略招商行动，建立目标企业清单、在建项目清单、议定事项清单"三张清单"，首批126个重点项目和事项已完成69个，其余的在加快推进。

3. 有利于金融创新特色改革

截至2019年末，天津市发行了全国首批小微企业成长债券、首单场内市场化债权融资计划、首单绿色债券、首单小城镇私募债券以及首单保障房资产支持票据，设立了国内首只互联网货币基金。此外，天津市还实施了融资租赁企业外债便利化试点、双向人民币资金池、经营性租赁收取外币租金、股权投资基金、"两权"抵押贷款以及金融业综合统计等超过20个走在全国前列的改革创新项目。

截至2019年8月末，天津市金融机构本外币各项存款和贷款余额分别达到31527亿元和35942亿元；2019年1月至8月，全市社会融资新增总额达到2651亿元。天津市积极推进信贷结构优化调整，着力提升金融服务小微和民营企业工作的质量和效率。据统计，截至2019年8月末，天津市民营企业贷款总额共计4565.37亿元，天津市普惠口径的小微贷款余额达到1094亿元。天津市充分发挥金融市场的多元融资功能，不断推动银行间债券市场的发展。据统计，截至2019年8月末，全市通过银行间债券市场为棚户区改造、交通基础设施建设等重大项目和重点领域共计提供融资总额超过7000亿元，助推全市首单信用风险缓释凭证支持短期债券、绿色资产支持票据以及全国首单绿色定向债务融资工具成功发行。

（二）金融创新运营示范区建设中存在的不足

在天津金融创新运营示范区建设取得显著成效的情况下，我们也要保持清醒的头脑，理性地分析仍存在的现实问题，正视存在的差距，弥补不足之处。天津市的金融规模不大，实力有待提高，尤其是缺少具有较强影响力和竞争力的金融机构。

一是总部机构数量不够、实力不强。特别是具有较强区域影响力、行业竞争力的法人金融机构更是少之又少。全国共有12家股份制商业银行，北京市和上海市分别占4家和2家，而天津市仅有一家；2016年底辖内证券、基金、期货公司北京市分别有18家、31家、19家，而天津市却仅仅有1家、1家、6家，足可见差距较大；2016年底天津市辖内有保险公司6家，是北京市的1/9。天津市地方法人金融机构起步普遍较晚，资本金规模普遍不大，内部治理也还不科学，市场竞争能力明显不够。

二是要素市场平台发展比较滞后。天津目前还没有一家具有较强影响力的交易平台。现有的一些交易市场也存在产品雷同、业务重叠、交易模式相近的问题，资源的同质化、分散化、碎片化问题比较明显，不利于形成资源的集聚运营效应。

三是金融发展环境还需要完善。特别是体制机制、服务效率、金融人才、中介服务等软环境发展还不充分，比如普华永道这种国际性会计师事务所在北京的规模是3000人，在天津只有300人，这与天津的地位是不相适应的。

四是创新的层次还不够。更多的还是单一的产品、支点以及环节上的创新，缺乏联合、综合以及集群模式的创新，创新的广度、深度、精准度还不够。

五是集中集聚程度还不够。金融资源的集聚程度明显不足，北京市和上海市分别都建设有自身的标志性金融集聚区，对于降低金融机构间的交流成本发挥了较大作用。

六是金融服务作用发挥不充分。没有形成金融门类和金融产品的组合叠加效应，金融业发展的体系性、协同性不强，经济发展和企业融资更多的还是依赖银行，直接融资规模和占比还比较低，对新型金融业态、产品、工具的认知和应用不够。

七是在金融人才方面，也存在从业人员综合能力不强、优秀人才流出的现象。单一的金融知识已不能满足现代金融业的发展需求，而天津严重缺乏专业型和复合型金融人才，这也是天津金融业发展缓慢的原因之一。

总体而言，天津金融业发展的总体规模与北京、上海、深圳相比仍有不小的差距，尽管这里有产业结构、资源禀赋和有效需求不足等因素的影响，但也存在资金供给规模还不够大、融资结构不匹配、项目资金的对接效率不高等问题。

三 天津建设好金融创新运营示范区的政策建议

1. 重视"运营"、"创新"和"示范"

天津金融创新运营示范区应落脚在"运营"二字上,就是重点强化"运营"。同时以"创新"和"示范"为两翼,形成有效的推动力和体制改革经验外溢出口。

其中"运营"是落脚点,是指要完善天津金融机构的运营环境和流程、提升运营能力和效率,并将我国金融系统内部的优秀运营流程和运营系统引入本区域,置于经济与产业发展的大环境之中,塑造金融支持实体经济的良好生态体系。

金融创新是天津金融发展的动力机制。金融创新往往并非单个企业的创新行为或者结果,而是企业群体的创新集成,卓有成效的创新往往衍生于大规模和网络化的产业基础。没有纵深规模和市场主导的金融产业基础,创新动力必然不足。

金融体制改革开放的示范效应,实质上是天津为更大范围乃至全国展示体制改革红利的外溢效应。为此,需要明确天津经验的扩散路径和梯度转移机制。同时,体制改革的政策"示范"也要求具备全局视野和战略眼光,既要紧跟政策和大趋势,率先垂范,支持国家发展战略;也要试水金融体制改革,并将经验推广至全国。政策示范与外溢效应可以重点表现为三个方面。一是借助政策优势,着力构建全新的天津金融体系,形成具有明显特色的金融产业集群,打造出典型的"天津模式"与"天津经验",并将规律性做法和运营经验推广至全国各区域。二是紧跟中央的宏观战略部署,服从并有力地支持和贯彻落实中央的发展战略。三是与北京大力协同创新,从区域协调和区域金融开放视角做出示范。充分挖掘天津市比较优势,动态评估京津冀一体化带来的市场扩张效应和资源流失效应,尤其是北京对天津金融业产生的"虹吸效应",以及天津可能对河北周边区域产生的吸附效应,探寻形成金融资源有效聚集的决定因素。借助北京和天津两地市场的一体化,特别是天津可以主动引进北京金融机构，到天津来营业，使天津本地机构获取相应的信息与技术外溢效应，形成更为密集的业务网络，为金融产业集群的形成打下基础。此外，在人民币国际化的大背景下，通过借助自贸区的跨境投融资便利化和资本账户开放试点政策，特别是人民银行关于"京津冀协调发展"的特殊安排，将天津市首先发展成为京津冀区域的金融离岸中心，必然可以在扩大金融开放方面为其他区域提供可资借鉴的宝贵经验。

2. 增强金融服务实体经济的能力

金融应立足于服务实体经济的初心，满足人民群众需要以及经济社会发展的要求。我们要立足我国现实情况，深刻把握金融本质和认识金融发展规律。在全面深化金融供给侧结构性改革过程中，必须以新发展理念为指导，抓准金融服务重点领域，强化金融服务实体经济功能。牢牢把握多层次资本市场改革发展机遇尤其是科创板成功设立的有利契机，坚持增量与提质并重、内生和外引并举，加速提升全市上市公司数量，推动上市公司产业升级。进一步发挥新一代人工智能科技产业和生物医药产业两个专项基金的作用，加强基金投资和项目招商工作互动，加强基金投资和企业上市工作统筹，着力培育和引进"雏鹰""瞪羚"企业和科技领军企业，为全市引入更多优质产业资源。鼓励引导银行机构加大对民营和小微企业的服务力度，加大金融科技投入和研发力度，鼓励更多银行使用"线上银税互动平台"，研发更加高效便捷的金融产品，助力民营和小微企业健康发展。健全完善在津中资银行分支机构服务实体经济监测评价体系，科学引导金融机构回归服务实体经济本源，不断加大对先进制造业、智能科技、生物医药、新能源新材料等实体经济领域的信贷支持力度。引导金融机构围绕落实京津冀协同发展重大国家战略和服务实体经济发展提供融资支持及各类金融服务，加大对天津的支持力度，为天津高质量发展争取更多金融资源。

3. 促进金融体系结构优化调整

在"十四五"期间，天津金融业发展的目标任务是：按照国家对天津金融创新运营示范区的定位，积极承载北京非首都功能，服务京津冀协同发展，进一步优化金融发展环境，提升金融服务实体经济功能，争取"十四五"末建成金融市场活跃、金融机构集聚、金融服务完善、金融人才汇聚、金融生态友好、金融业态丰富、金融监管到位、辐射功能突出的高水平金融创新运营示范区，引领全国金融改革创新和对内对外开放，积极参与国际投融资体系建设和全球资源配置。

要注重调整优化金融体系结构、优化融资结构，健全金融市场体系和金融机构体系，全面提升金融服务实体经济发展质效。逐步探索层次多、覆盖广、差异化的银行体系，坚持以市场需求为导向的发展理念，创新开发差异化、定制化、个性化的金融产品，提升中小金融机构数量和占比，完善"三农"和小微企业金融服务模式。要建设透明、规范、有韧性的资本市场，同时对其基础性制度进行完善，严格监管交易的全过程。要针对现代化经济建设的市场体系、产业体系，以及绿色发展体系、区域发展体系等提供高质量金融服务，完善银行信贷、风险投资、股票市场、债券市场等多层次、全方位的金融服务体系。

积极推进国家租赁创新示范区建设，打造租赁业发展升级版，提升租赁业聚集效应和发展质量，补齐租赁业发展短板。推动租赁业环境、机构、业务、政策、监管五方面提档升级，创造租赁业政策制度和体制机制新优势，努力跻身国际一流租赁业聚集区。推动促进租赁业发展的项目举措落地实施，争取创新性政策制度在天津市先行先试。

参考文献

［1］冯邦彦、覃剑：《国际金融中心圈层发展模式研究》，《南方金融》2011年第4期。

［2］覃剑、冯邦彦：《国际金融中心演变：理论探讨与实践证据——基于制度经济学的分析框架》，《金融理论与实践》2011年第9期。

［3］姜莉莉：《亚洲主要金融中心发展现状及优劣势分析》，《时代金融》2014年第26期。

社会科学文献出版社

皮 书

智库报告的主要形式
同一主题智库报告的聚合

✤ 皮书定义 ✤

皮书是对中国与世界发展状况和热点问题进行年度监测,以专业的角度、专家的视野和实证研究方法,针对某一领域或区域现状与发展态势展开分析和预测,具备前沿性、原创性、实证性、连续性、时效性等特点的公开出版物,由一系列权威研究报告组成。

✤ 皮书作者 ✤

皮书系列报告作者以国内外一流研究机构、知名高校等重点智库的研究人员为主,多为相关领域一流专家学者,他们的观点代表了当下学界对中国与世界的现实和未来最高水平的解读与分析。截至2021年,皮书研创机构有近千家,报告作者累计超过7万人。

✤ 皮书荣誉 ✤

皮书系列已成为社会科学文献出版社的著名图书品牌和中国社会科学院的知名学术品牌。2016年皮书系列正式列入"十三五"国家重点出版规划项目;2013~2021年,重点皮书列入中国社会科学院承担的国家哲学社会科学创新工程项目。

中国皮书网

（网址：www.pishu.cn）

发布皮书研创资讯，传播皮书精彩内容
引领皮书出版潮流，打造皮书服务平台

栏目设置

◆ 关于皮书
何谓皮书、皮书分类、皮书大事记、
皮书荣誉、皮书出版第一人、皮书编辑部

◆ 最新资讯
通知公告、新闻动态、媒体聚焦、
网站专题、视频直播、下载专区

◆ 皮书研创
皮书规范、皮书选题、皮书出版、
皮书研究、研创团队

◆ 皮书评奖评价
指标体系、皮书评价、皮书评奖

◆ 皮书研究院理事会
理事会章程、理事单位、个人理事、高级
研究员、理事会秘书处、入会指南

◆ 互动专区
皮书说、社科数托邦、皮书微博、留言板

所获荣誉

◆ 2008年、2011年、2014年，中国皮书网均在全国新闻出版业网站荣誉评选中获得"最具商业价值网站"称号；
◆ 2012年，获得"出版业网站百强"称号。

网库合一

2014年，中国皮书网与皮书数据库端口合一，实现资源共享。

中国皮书网

权威报告·一手数据·特色资源

皮书数据库
ANNUAL REPORT(YEARBOOK) DATABASE

分析解读当下中国发展变迁的高端智库平台

所获荣誉

- 2019年，入围国家新闻出版署数字出版精品遴选推荐计划项目
- 2016年，入选"'十三五'国家重点电子出版物出版规划骨干工程"
- 2015年，荣获"搜索中国正能量 点赞2015""创新中国科技创新奖"
- 2013年，荣获"中国出版政府奖·网络出版物奖"提名奖
- 连续多年荣获中国数字出版博览会"数字出版·优秀品牌"奖

成为会员

通过网址www.pishu.com.cn访问皮书数据库网站或下载皮书数据库APP，进行手机号码验证或邮箱验证即可成为皮书数据库会员。

会员福利

- 已注册用户购书后可免费获赠100元皮书数据库充值卡。刮开充值卡涂层获取充值密码，登录并进入"会员中心"—"在线充值"—"充值卡充值"，充值成功即可购买和查看数据库内容。
- 会员福利最终解释权归社会科学文献出版社所有。

卡号：386486717431
密码：

数据库服务热线：400-008-6695
数据库服务QQ：2475522410
数据库服务邮箱：database@ssap.cn
图书销售热线：010-59367070/7028
图书服务QQ：1265056568
图书服务邮箱：duzhe@ssap.cn

S 基本子库
SUB DATABASE

中国社会发展数据库（下设12个子库）

整合国内外中国社会发展研究成果，汇聚独家统计数据、深度分析报告，涉及社会、人口、政治、教育、法律等12个领域，为了解中国社会发展动态、跟踪社会核心热点、分析社会发展趋势提供一站式资源搜索和数据服务。

中国经济发展数据库（下设12个子库）

围绕国内外中国经济发展主题研究报告、学术资讯、基础数据等资料构建，内容涵盖宏观经济、农业经济、工业经济、产业经济等12个重点经济领域，为实时掌控经济运行态势、把握经济发展规律、洞察经济形势、进行经济决策提供参考和依据。

中国行业发展数据库（下设17个子库）

以中国国民经济行业分类为依据，覆盖金融业、旅游、医疗卫生、交通运输、能源矿产等100多个行业，跟踪分析国民经济相关行业市场运行状况和政策导向，汇集行业发展前沿资讯，为投资、从业及各种经济决策提供理论基础和实践指导。

中国区域发展数据库（下设6个子库）

对中国特定区域内的经济、社会、文化等领域现状与发展情况进行深度分析和预测，研究层级至县及县以下行政区，涉及省份、区域经济体、城市、农村等不同维度，为地方经济社会宏观态势研究、发展经验研究、案例分析提供数据服务。

中国文化传媒数据库（下设18个子库）

汇聚文化传媒领域专家观点、热点资讯，梳理国内外中国文化发展相关学术研究成果、一手统计数据，涵盖文化产业、新闻传播、电影娱乐、文学艺术、群众文化等18个重点研究领域。为文化传媒研究提供相关数据、研究报告和综合分析服务。

世界经济与国际关系数据库（下设6个子库）

立足"皮书系列"世界经济、国际关系相关学术资源，整合世界经济、国际政治、世界文化与科技、全球性问题、国际组织与国际法、区域研究6大领域研究成果，为世界经济与国际关系研究提供全方位数据分析，为决策和形势研判提供参考。

法律声明

"皮书系列"(含蓝皮书、绿皮书、黄皮书)之品牌由社会科学文献出版社最早使用并持续至今,现已被中国图书市场所熟知。"皮书系列"的相关商标已在中华人民共和国国家工商行政管理总局商标局注册,如LOGO( )、皮书、Pishu、经济蓝皮书、社会蓝皮书等。"皮书系列"图书的注册商标专用权及封面设计、版式设计的著作权均为社会科学文献出版社所有。未经社会科学文献出版社书面授权许可,任何使用与"皮书系列"图书注册商标、封面设计、版式设计相同或者近似的文字、图形或其组合的行为均系侵权行为。

经作者授权,本书的专有出版权及信息网络传播权等为社会科学文献出版社享有。未经社会科学文献出版社书面授权许可,任何就本书内容的复制、发行或以数字形式进行网络传播的行为均系侵权行为。

社会科学文献出版社将通过法律途径追究上述侵权行为的法律责任,维护自身合法权益。

欢迎社会各界人士对侵犯社会科学文献出版社上述权利的侵权行为进行举报。电话:010-59367121,电子邮箱:fawubu@ssap.cn。

社会科学文献出版社

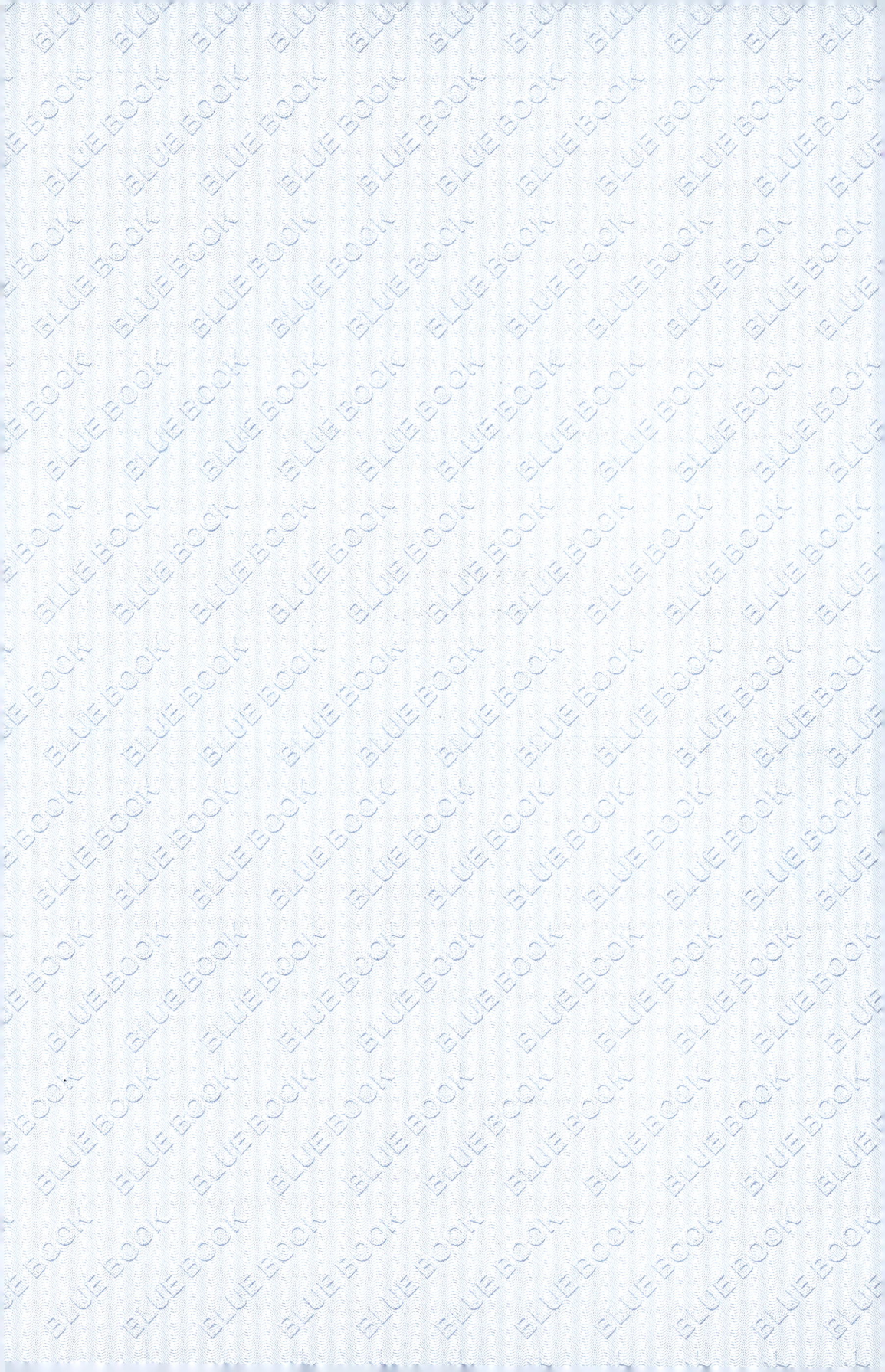